El poder del amor consciente

Transforma tus relaciones desde el interior

Alejandra Rodríguez

"*Reservados todos los derechos*. *No se permite la reproducción total o parcial de esta obra, ni su incorporación a un sistema informático, ni su transmisión en cualquier forma o por cualquier medio (electrónico, mecánico, fotocopia, grabación u otros) sin autorización previa y por escrito de los titulares del copyright. La infracción de dichos derechos puede constituir un delito contra la propiedad intelectual*".

Edición: Voz de Loto
www.vozdeloto.com
Primera edición: diciembre de 2024

Título:
> **El poder del amor consciente**

Subtítulo:
> **Transforma tus relaciones desde el interior**

Autora:
> **Alejandra Rodríguez**

Contacto
Página web: psicologaalerodriguez.com
Instagram: @psicologaalerodriguez
Facebook: @psicologaalerodriguez
YouTube: Amor y Consciencia con Ale Rodríguez
Podcast: Amor y Consciencia

Dedicatoria

Dedicado a mi familia.

A Adrián, mi compañero, gracias por siempre brindarme un espacio para crecer y amar.

A mis hijos, Frida y Mauricio, gracias por ser luz en mi vida.

A mis padres, a quienes nunca terminaré de agradecerles por darme la vida.

A mis hermanos, gracias por coincidir, por las lecciones de vida, el amor y los desafíos.

Honro a cada uno de ustedes, reconociendo que este trabajo también es fruto de nuestra historia compartida.

A cada persona que participó en sesiones y talleres, gracias por su valentía al abrir su corazón y compartir sus historias. Cada experiencia me permitió comprender mejor la belleza y complejidad de las relaciones humanas.

Finalmente, gracias a ti, que este libro te sirva como guía y apoyo en tu propio proceso de sanación y crecimiento.

Con profundo amor y gratitud,

Ale Rodríguez

Índice

11	Introducción
21	Capítulo 1. Expectativas al desnudo
39	Capítulo 2. Tierra fértil
59	Capítulo 3. El inicio de todo
93	Capítulo 4. El propósito del amor
109	Capítulo 5. El autoconocimiento en las relaciones
123	Capítulo 6. Heridas de infancia
141	Capítulo 7. No eres tú, no soy yo
159	Capítulo 8. Relaciones a destiempo
175	Capítulo 9. Las dos claves más importantes
189	Capítulo 10. El camino del amor consciente
211	Epílogo

"Ni el amor es una jaula, ni la libertad es estar solo, el amor es la libertad de volar acompañado, es dejar ser sin poseer".

Gabriel García Márquez

Introducción

Para dar inicio, he de confesar que durante mucho tiempo pensé que estar en pareja era un fiasco; crecí en una familia con las suficientes situaciones para que yo estuviera segura de esto, tenía toda la evidencia. Mis padres discutían muy a menudo, y los temas eran tan diversos, que tratar de decirte en qué tema sí estaban de acuerdo sería casi imposible para mí. Aunque desde mi postura de observadora no me era difícil imaginar cientos de maneras de cómo podrían llegar a relacionarse en paz, esto parecía imposible para ellos. Y al final del día, ¿quién era yo para explicarles a mis padres cómo llevarse bien? Desde muy niña comencé a poner mi atención en cómo se puede volver tan complicado transmitir el mensaje adecuado, sobre todo, con las personas que más nos importan. Supongo que la mediadora nata que soy, en ese entonces, ya estaba preparándose para hacer su aparición.

Ya un poco más adelante solía decir "más vale sola que mal acompañada", se podría decir que era mi mantra interno. Aunque no descartaba el hecho de tener pareja, no me veía a mí misma casada, ni mucho menos feliz en una relación. Pero hubo un momento en el que comencé a cambiar de opinión; había empezado una relación que me parecía segura, en la que era cómodo hablar del futuro, de proyectos en común e incluso de tener hijos. Entonces comencé a dudar de mi teoría, pensé que quizá no todo lo relacionado con tener una pareja era tan malo, así que decidí, con todo mi ser, iniciar una vida familiar con él.

Luego llegó mi primera hija y, aún con muchas dificultades, me mantenía enfocada en sostener la relación. Mi mantra para ese entonces ya se había transformado, ahora era "En las buenas y en las malas", y lo repetía muy seguido, por no decir que a diario. Hubo un sinfín de retos qué superar, económicos, de comunicación, etc. Pero hubo uno que terminó con la relación, un choque de creencias que nos sobrepasaba. Por un lado, yo me encontraba feliz, estaba embarazada por segunda vez y me sentía contenta de compartir con él la noticia, en aquel entonces solía pensar que la noticia de un segundo bebé podría sumar motivación y unirnos; pero por otro lado, él también tenía una noticia importante para compartir: había encontrado a otra persona. Fue desgarrador. Sin entrar en detalles, el impacto emocional que tuvo en mí la noticia fue tan grande que, cuando estuve de nuevo consciente, había despertado en un hospital enfrentando la pérdida de mi bebé. ¿Te imaginas cómo me marcó este suceso en mi vida?, y no solo eso, ¿puedes darte cuenta de cómo repercutió en mis creencias?

Decidí enfocarme en mí y en mi hija, sin embargo, estaba llena de preguntas: ¿por qué me pasó eso a mí?, ¿qué fue lo que no hice bien?, ¿por qué no fue suficiente para mi relación el tener toda la intención de hacerlo diferente a mis padres? Bueno, podría llenar este libro de todas esas preguntas que me bombardeaban en aquel entonces… pero llegó la pregunta más sencilla y a la vez más transformadora: ¿para qué me pasó esto? Esa pregunta es clave en mi historia. Comencé a cuestionarme qué quería hacer con mi situación. La historia de mis padres y mi reciente separación no podían cambiar, pero de algún modo estaba consciente de que era libre, libre para construir un futuro diferente al lado de mi niña.

Me enfoqué muchísimo al tema de la crianza, me encantaba leer e informarme sobre el desarrollo infantil y el potencial de los niños. Llegué a un punto en el que entendí que el entorno donde crece un niño es fundamental para su desarrollo y su capacidad de ser feliz cuando sea adulto, y casi sin darme cuenta empecé a aplicar algunas técnicas sanadoras en mí. Claro, te confieso que en ese punto no era mi intención sanar mi historia, más bien estaba enfocada en cuidar el futuro de mi pequeña hija. Me adentré tanto que decidí estudiar psicología, convencida de que al terminar encontraría una forma de aportar socialmente a que los niños, al menos de mi comunidad, crecieran en entornos más saludables. Estaba segura de que para tener un mejor futuro, como sociedad, teníamos que enfocarnos en nuestros niños y cuidar mejor su entorno emocional.

Al terminar la carrera cursé una maestría en terapia familiar sistémica, la cual cambió un poco mi visión. Descubrí que para lograr mi meta de aportar a un mejor futuro era importante cuidar el sistema familiar. Después llegaron más diplomados, libros y aprendizajes espirituales que me ayudaron a focalizar mi trabajo en ayudar a personas que desean construir relaciones conscientes, ya sea porque están interesados en construir una familia unida, porque desean experimentar una relación de pareja sólida y satisfactoria, o simplemente porque desean mejorar la relación que tienen consigo mismos para experimentar más paz.

Desde hace algunos años, diariamente atiendo en consulta a personas con preguntas muy similares a las que yo me hacía hace tiempo. Me doy cuenta de que no es algo extraño sentirse decepcionado en el tema sentimental. Mi trabajo es acompañarlos a ver el dolor de otra manera, como una invitación a observarse a sí mismos y sanar desde adentro, para poder transformar lo que se experimenta afuera.

No quiero transmitirte la idea de que el cambio se da de manera instantánea. Yo misma lo experimenté, después de mi separación, al paso del tiempo me reencontré con un amigo de muchos años atrás, y comenzamos a salir. Sin embargo, yo aún tenía latentes mis miedos y creencias con relación al amor, y hoy te puedo asegurar que él también tenía los suyos. Salimos un tiempo y, aunque la pasábamos bien, cada vez que hablábamos de la posibilidad de aumentar el compromiso todo se salía de control y terminábamos distanciándonos. Era como si ambos tocáramos nuestras heridas y saliéramos corriendo por el dolor que nos causábamos el uno al otro. Nos tomó tiempo darnos cuenta de lo que nos sucedía, y aún más tiempo el trabajar en nuestra relación, pero sin duda ha sido la mejor decisión. Ahora estamos casados y tenemos una familia hermosa que seguimos construyendo cada día. Sí, es trabajo diario, pero a diferencia del inicio, ya no hay dolor, al contrario, nos llena de felicidad tener este proyecto juntos.

Hoy en día creo firmemente que las relaciones pueden ser un trampolín para la evolución personal. Desde mi punto de vista, son una herramienta de crecimiento disponible para quien desee explorar en su interior con el fin de lograr resultados diferentes a los que ha venido observando.

Sé por experiencia propia que las relaciones, especialmente las de pareja, pueden ser fuente de frustración infinita cuando las discusiones se repiten constantemente, cuando nos sentimos poco apreciados por nuestra pareja o cuando simplemente no podemos llegar a un acuerdo. Duele ver que lo que tú pensabas que sería un encuentro genial, se ha convertido en un campo de batalla.

La gran mayoría comenzamos nuestras historias sentimentales de forma muy similar, inician de una manera casi perfecta, ¿lo recuerdas? Parecía que el destino los había puesto ahí; todo era tan diferente, el interés, el amor, las atenciones... y de repente, casi sin darte cuenta, ¡todo cambió! ¿Te sientes identificado?

Mi principal objetivo al escribir este libro es ayudarte a que consigas transformar tus relaciones, lograr que sean más disfrutables, y no solo al inicio, sino que puedas sostener ese vínculo a través del tiempo. Para lograrlo, es mi intención guiarte con el fin de que puedas comprender tu relación de pareja desde una perspectiva diferente.

Para ello, te compartiré los métodos y ejercicios que me han servido en consulta para ayudar a muchísimas parejas a reforzar su vínculo y volver a sentirse plenos en su relación.

Uno de los aspectos que abordaremos como principio básico para lograr cambios es el tomar un rol de responsabilidad, en vez de un rol pasivo. Este último, si nos ponemos a profundizar en él, no se aleja mucho de tener una postura victimista, al final del día, es mantenerse en el anhelo de que alguien más realice cambios.

No tienes idea de cuántas veces he recibido mensajes o escuchado en consulta cosas como: "Ale, ayúdame, mi pareja no me valora, no me cuida, prefiere otras cosas antes que a mí", "Mi pareja es fría, ya no le importo, y yo he dado tanto por nuestro amor, ¡le he dado todo!". Muy seguramente esperan de regreso algo como: "Te entiendo, ¡pobre de ti! Tu pareja no te merece. ¿Cómo has aguantado tanto? Eres tan buena persona…". Pero créeme, sería un error decirte esto, pues solo te llevaría de la mano a la autodestrucción.

Se requiere renunciar al rol pasivo para acceder a nuestro derecho a ser felices por nosotros mismos. Tal vez sea tiempo de probar algo distinto, tratar de ver todo bajo una mirada diferente, comprender que, al igual que tú, tu pareja llegó a ciegas a la relación, con un sinfín de expectativas silenciosas y que, a lo largo del tiempo, ambos han tratado de sobrellevar su propia insatisfacción en cada una de las etapas que ha avanzado la relación. Además de esto, ambos han lidiado con reclamos y exigencias que no les correspondían. ¿Cómo no van a sentir frustración?

Al decidir estar en una relación de pareja, nuestra interacción no es únicamente con esa persona que consideramos tan especial, sino que es también con sus creencias, con sus expectativas, sus patrones familiares, sus miedos y sus heridas. ¿Lo alcanzabas a ver así cuando decidiste casarte? Imagínate: "Yo, fulanita, te acepto a ti, fulanito, como esposo. Prometo serte fiel en la prosperidad y en la adversidad, en la salud y en la enfermedad, y así amarte y respetarte todos los días de mi vida...". Mmm, aquí falta algo... "¡Ah, sí!, casi lo olvido! Fulanito, te acepto con tus heridas emocionales, con tus creencias limitantes, con tus lealtades familiares, patrones disfuncionales y, sobre todo, con tus expectativas irrealistas sobre el amor y el matrimonio".

¿Comienzas a darte cuenta de que, desde el inicio, no fuimos totalmente transparentes y claros?, ¿y de que aun así nos sentimos con el derecho de exigir a nuestra pareja que se haga cargo de todo aquello que ni siquiera nosotros mismos hemos querido ver?

Cuando intentamos resolver un problema pensando exactamente igual que cuando ese problema se creó, es imposible resolverlo. Requerimos cambiar nuestro pensamiento, ver opciones diferentes y alejarnos un poco más para poder tener una perspectiva más amplia. Mi función será justamente la de invitarte a pensar diferente, para acercarnos a esas soluciones que hoy parecen estar muy bien escondidas.

¿Te has dado cuenta de que, a pesar de que no hemos obtenido los resultados deseados, seguimos intentando hacer exactamente lo mismo? En las siguientes páginas te llevaré a profundizar un poco más sobre cómo aparecieron todos esos líos de pareja que has vivido hasta hoy. Vamos a explorar y cuestionar las creencias que has acumulado y que ahora están dirigiendo la forma en la que te relacionas. Pero sobre todo, vamos a regresar al amor la luz que le caracteriza, esa luz capaz de sanar y transformar las cosas cuando estamos dispuestos a bajar las barreras que le impiden pasar.

Con mucho amor, te doy la bienvenida.
Ale Rodríguez

Expectativas al desnudo

¿Sabes?, muchas personas creen que tienen problemas de pareja porque, ya que se conocieron bien, no les gustó mucho lo que descubrieron. Y sí, en parte es cierto, el enamoramiento hace de las suyas al inicio de cualquier relación. Esta etapa, teñida de rosa, nos nubla la visión cuando se trata de ver al otro tal y como es. Pero ¿te imaginas qué pasaría si la naturaleza no nos ayudara con ese empujoncito? Seguramente estaríamos preocupados por la extinción de nuestra especie. Entonces, ¿realmente es un problema que no podamos ver de inicio al otro tal como es? Yo pienso que, antes que desear ver al otro sin máscaras para conocerlo, necesitamos hacer ese proceso con nosotros mismos. Este proceso es mucho más profundo que poder responder cuál es tu color favorito o qué te gustaría experimentar en cinco años. Conocernos implica reconocer la luz y la sombra que habita en nosotros, y ver con claridad qué esperamos recibir de la vida y de los demás.

En consulta, me gusta mucho preguntar a mis clientes si han compartido con su pareja cuáles son sus expectativas sobre la relación, y por lo regular me dicen que sí. La respuesta suena más o menos así:

—Por supuesto, yo le dije que quería una relación seria.

Pero suelo indagar un poco más:

—¿Qué significa una relación seria para ti? ¿Qué entendió tu pareja sobre tu petición de tener una relación seria?

En ocasiones, la conversación comienza a ponerse algo rígida...

—Pues lo que es una relación seria, así... formal.

—¿Qué es eso de una relación seria o formal?

Solemos repetir lo que creemos que debemos esperar de una relación, a mí también me pasó. Además, damos por hecho que amar o comprometerse, entre otras palabras que usamos con frecuencia, significan lo mismo para todos, y esto está muy lejos de ser verdad. De hecho, aunque hay ciertos significados concretos, nuestra historia suele darle un matiz muy especial y personal a cada palabra y frase que usamos.

Recuerdo con claridad la consulta más breve que he tenido. Tania tenía veintinueve años, y me solicitó una consulta porque tenía dudas de si debía terminar su relación o seguir avanzando. Como te puedes imaginar, le pregunté acerca de sus expectativas, y me dijo:

—Yo he sido clara con él desde el inicio, quiero una relación estable, quiero casarme y tener hijos.

Le cuestioné qué significaba el tener una relación estable para ella, y me hizo saber que tenía muy claro qué era la estabilidad. Para ella, significaba que la relación fuera larga y no hubiera discusiones. Parecía estar muy segura de lo que quería, así que continuamos. Le pregunté acerca de sus preocupaciones, y me hizo saber que ella estaba dudando de si él era la persona correcta o no. La motivé para que me hablara más de lo que la hacía dudar, y me comentó:

—Él es un hombre muy ocupado, trabaja mucho, y eso me parece bien, pero ¿qué tal si ese es un indicador de que yo le dejaré de importar después?

—¿Qué te hace pensar eso? —pregunté.

—Bueno, es que él nunca me ha invitado a salir en domingo.
—*Ok, ¿y qué significa eso para ti?*
—No lo sé, mi mamá siempre ha dicho: "Un buen novio te invita salir en domingo".
—*¿Qué crees que signifique para tu mamá que un novio te invite a salir en domingo?*
—No estoy segura —me respondió—, pero le puedo llamar para preguntarle.

Así que, entre risas y un poco de nerviosismo, decidió llamar a su madre. Indagando un poco más, la respuesta fue que su mamá y sus tías solían decir que el salir en domingo con tu novio era una estrategia para evitar a los hombres casados. ¡Eso significaba para ellas!

Todo esto de la llamada y de cuestionarnos los significados más profundos de lo que creemos, nos ayudó a darnos cuenta de algo muy importante: esa era una creencia desactualizada. Es decir, muy seguramente le ayudó a su abuela, a su madre y demás predecesoras a distinguir a un hombre casado de uno soltero, pero no era una verdad absoluta. Además, este no era necesariamente el caso de Tania.

Finalmente, le pedí a Tania que conversara con su novio acerca del porqué no habían salido los domingos. Ella descubrió que, salir en domingo, para él significaba no descansar para poder ser productivo durante la semana. ¿Te das cuenta de cómo el aparente conflicto que le generaba dudas a Tania se disolvió de un momento a otro? Después de que los dos pusieran sobre la mesa las diferentes creencias que tenían sobre una misma acción, se sintieron más cómodos para negociar alternativas que le dieran un equilibrio a la relación. Lo mejor de todo es que estoy segura de que ese ejercicio lo podrán replicar en cualquier otra situación en la que sientan duda o inconformidad. En pocas palabras, subieron de nivel emocional su relación, y eso permitió que se abrieran a otro panorama. No es la misma vista en el *lobby* que en el *penthouse*, ¿cierto?

Cuando somos capaces de observar lo que sucede con nosotros ante cada situación, podemos conocernos más. Para eso, es necesario identificar las emociones que nos genera cada experiencia, ya que estas nos invitan a observar las creencias que habitan en nuestra mente. Y es justo por medio de estas creencias que nos relacionamos con nuestra pareja. Nuestras reacciones están condicionadas a esta información, y si no somos capaces de detenernos a observar, actuarán en automático. Lo mismo sucede con nuestra pareja, si no la tomamos en cuenta, podemos estar viviendo en diferentes dimensiones sin percatarnos de ello.

A menudo, durante la primera sesión con un cliente en mi consultorio, me vuelvo cazadora de creencias obsoletas. Realmente creo que el ubicarlas nos ayuda a cambiar nuestra manera de ver el conflicto, y con esto aumentan las posibles soluciones. ¿Qué tan a menudo te cuestionas qué expectativas y creencias tienes con relación a determinado tema?

¿Qué tal si me permites acompañarte a explorar más profundamente sobre algún tema que te moleste? Como primer paso, te sugiero que te preguntes: ¿qué situación me molesta de forma frecuente? Ve tomando notas.

A continuación, pregúntate:
- ¿Qué explicación le das a ese hecho actualmente?
- ¿Quién crees que pueda haber pasado por algo similar en tu familia?
- ¿Qué ideas, pensamientos o creencias podrían estar girando alrededor de este tema?

- ¿Qué función positiva crees que puedan tener esas creencias o ideas?

Ahora, una pregunta muy relevante: ¿actualmente te sirve seguir pensando de la misma manera? Si pudieras elegir pensar en algo más favorecedor para ti, ¿en qué elegirías pensar? Estas son preguntas sencillas que pueden revelar mucha información capaz de desenredar nudos, así que te sugiero incorporarlas y, sobre todo, practicarlas. ¿Te parece si las repasamos?

La historia de Carla me encantó. Ella tenía diez años casada cuando acudió a mi consultorio, pensaba que algo grave le pasaba a su esposo y creía ver venir una separación. El motivo era que él había decidido hacer una pausa en su vida profesional. Carla no estaba de acuerdo con ello, afirmaba que de seguro era una de esas crisis de los cuarenta, y que terminaría muy mal.

Comencemos a indagar...

—¿Qué situación te molesta de forma frecuente? —le pregunté.

—Mi esposo está deprimido, no lo quiere aceptar pero está perdiendo el interés por todo. Ahora pasa mucho tiempo en casa y ha descuidado su trabajo con la excusa de querer estar en familia.

Le pregunté a qué atribuía ese cambio. Carla me hizo saber que creía que su esposo estaba desmotivado y deprimido, y para ella esa era la razón. Continué con mis preguntas:

—¿Recuerdas a alguien que haya pasado por algo similar?

—¡Sí! —respondió de inmediato—, mi abuelo atravesó por una crisis muy fuerte, se deprimió y comenzó a beber alcohol. No pasó mucho tiempo antes de que se terminara alejando de la familia.

—¿Qué ideas, pensamientos o creencias podrían estar girando alrededor de lo que estás viviendo con tu esposo?

—Los hombres que no trabajan se deprimen. Un hombre deprimido se convierte en alcohólico. Bueno —agregó—, es que una mente que no está ocupada se vuelve loca…

—¿Qué función positiva crees que puedan tener esas creencias o ideas? Es decir, ¿de qué intentan protegerte esas creencias?

Su respuesta inicial fue:

—Pues de que mi esposo llegue a tocar fondo.

Yo le pedí que explorara aún más:

—¿Qué crees que podría suceder si no atiendes esta situación?

—Creo que mi esposo podría perder el rumbo, podría empezar a tener vicios, y muy probablemente terminaríamos separados...

—¿De qué intentan protegerte esas creencias? —insistí.

—No quiero quedarme sola como mi abuela... no quiero que él me abandone ni quedarme con toda la carga, no sería justo.

Tratando de profundizar un poco más, le pregunté si su esposo había dejado de contribuir económicamente a las responsabilidades familiares, y Carla me respondió:

—Claro que no, al contrario, él actualmente recibe un ingreso constante, que es fruto de su trabajo en los años anteriores, y de ahí puedo disponer para cubrir todos los gastos. En cuanto a las actividades, él antes no tenía tiempo para ir a los juegos de nuestros hijos, y ahora lo hace de forma constante.

Entonces, continué:

—Ahora que me has expresado su participación activa en casa, ¿sigues pensando que pueda estar deprimido?

—Bueno, no sé si esté deprimido, pero sí ha perdido el interés por ir a trabajar de la manera en la que antes lo hacía.

—¿Le has cuestionado sobre qué lo motiva a tomar estas nuevas acciones?

—No, directamente. Pero sí me ha dicho que desea pasar tiempo con nuestros hijos y conmigo, pero algo de mí me dice que puede ser una forma de excusarse.

—¿Crees que podría ser posible que solo sea que él desea pasar tiempo con su familia y se sienta en posición de hacerlo?

—Sí, podría ser… no lo había visto de ese modo. De hecho, no vendría mal que él esté más tiempo con los niños, es algo que le he insistido que haga durante años.

Carla y yo platicamos sobre cómo es que, con base en nuestras experiencias y las de nuestros seres queridos, vamos formando nuestras expectativas y creencias. Hablamos de lo importante que es hacer una pausa para ver si existe la posibilidad de que, desde una postura de miedo, estemos viendo un conflicto donde quizá no lo haya.

Le recomendé a Carla que platicara con su esposo, sin juicios, solo como una buena amiga que desea conocerlo mejor y escuchar sus planes. Cuando se animó a hacerlo, se llevó una sorpresa: él también tenía su propia historia. Le hizo saber que él tenía miedo de perder a su familia, pero, a diferencia de Carla, el miedo de su esposo se relacionaba con perderlos por no estar presente, pues dedicaba todo su tiempo a trabajar. Un día se dio cuenta de que con su ingreso fijo podría darse más tiempo para él, tomar aire fresco y retomar su labor más adelante, y por lo pronto aprovechar ese espacio para asistir a los juegos y actividades de sus hijos. Él estaba seguro de haber notificado a Carla sobre su postura, pero quizá sus creencias tan impuestas les impidieron que escucharan a fondo sus respectivos mensajes.

Esto no significa que Carla no debería sentir miedo, al final del día, esas creencias estaban ahí para protegerla de la posibilidad de que algo saliera mal. Sin embargo, lo que la creencia no estaba considerando eran las evidencias que Carla tenía (que ni ella misma había notado) de que la historia era diferente. Las cuentas estaban cubiertas mes a mes, su esposo ya había previsto los gastos para poder pasar tiempo en familia, y muy probablemente ese tiempo que podrían disfrutar en familia no se volvería a repetir si lo dejaba pasar; el tiempo avanza tan rápido que los niños muy pronto se vuelven adolescentes y luego adultos.

Recuerdo haberle preguntado:

—¿No te parece más riesgoso dejar pasar la oportunidad de disfrutar un tiempo en familia con mayor colaboración de tu esposo, antes de que decida retomar su carrera profesional?

¡Carla no podía ni responderme! Definitivamente, sus creencias no la estaban ayudando a vivir el presente. Así que le pregunté:

—¿Actualmente te sirve seguir pensando de la misma manera con respecto a los hombres que pausan su trabajo?

—Definitivamente, no.

—Si pudieras elegir pensar en algo más favorecedor para ti, ¿en qué elegirías pensar?

—Ahora puedo ver que existen más posibilidades, me gustaría pensar en que mi esposo ha trabajado lo suficiente para darse el gusto de hacer una pausa y disfrutar de nuestra familia, como yo lo he hecho todos estos años. Incluso podría ser una oportunidad para poder retomar mis propios proyectos personales, con la seguridad de que él está ahí en casa.

El cambio de perspectiva de Carla no fue inmediato, sin embargo, muy seguramente cambió la interacción de una familia entera, y eso es de mucho valor.

En muchas ocasiones nos es más fácil ver las posibilidades que tienen los otros ante sus circunstancias, pero cuando somos nosotros los que estamos en el ojo del huracán, no es tan sencillo. Estas preguntas que hoy te mostré te pueden ir guiando para expandir tu mirada y, quizás, ayudar a disolver un conflicto menor.

Las expectativas son un tema tan recurrente que me gustaría invitar a todas las nuevas parejas a platicar sobre este a fondo. Sería de mucha ayuda aprender a tener claro qué queremos de la vida y, sobre todo, a expresarlo de manera asertiva. Desgraciadamente, me topo a diario con personas decepcionadas porque no han obtenido de su relación de pareja lo que esperaban. Y lo mismo aplica con su familia, con su trabajo, con sus amistades, etc. Me pregunto: ¿no sería más fácil acertar si nos dicen en dónde se encuentra el blanco? ¿No te gustaría saber con claridad qué esperan de ti? Y quiero hacer una pausa para aclarar que no se trata de estar dispuestos a satisfacer todas las expectativas de quienes nos rodean, definitivamente esa no es nuestra tarea, ni tampoco es tarea de otro el complacernos, pero lo que sí es nuestra tarea y responsabilidad es conocernos a nosotros mismos.

Piensa en un guía de turistas, ¿qué cualidades requiere para dar un servicio inolvidable?, ¿acaso no necesita conocer el lugar que van a explorar? Sería maravilloso que hablara tu propio idioma, que estuviera seguro de sus conocimientos y que fuera claro con lo que puedes encontrar durante el paseo, ¿cierto? Bueno, ahora aplica este mismo razonamiento en tus relaciones. Para invitar a otra persona a explorar en tu mundo interior, primero tienes que conocer y volverte experto tú mismo en tu mundo interior, y ya después podrás ser ese guía experto que es capaz de resolver las dudas de los demás.

Toma tiempo para escucharte a ti mismo. Cuando dices cosas como "no me gusta", "está mal" o "debería ser así", detente, observa y pregúntate: ¿es desde tu propia experiencia?, ¿es desde la experiencia de alguien más?, ¿desde hace cuánto tiempo crees eso? Ese juicio o creencia que tienes sobre determinado tema, ¿te suma o te resta?

Ir conociendo nuestras creencias y expectativas no solo es importante en las relaciones, sino en todos los aspectos de la vida. Esto te ayudará a ir identificando si lo que no está resultando como tú querías en la relación está más orientado a ser resuelto por tu pareja o por ti mismo. Por ejemplo, analicemos algunas expectativas que he llegado a escuchar:

- "Mi pareja debe hacerme feliz".
- "Si me quiere, debe conocer mis gustos".
- "Si debo pedirlo, ya no tiene valor".
- "Cuando mi pareja cambie, podremos ser felices".
- "Una vez que haya pasado determinado tiempo, la relación será más fácil".

Las expectativas no son negativas; de hecho, es complicado dejarlas totalmente fuera de nuestra experiencia humana. Pero lo que sí nos puede afectar de forma negativa es que estas expectativas sean demasiado altas o que estén completamente dirigidas hacia nuestra pareja. Eso es un total autosabotaje. Las personas que reportan mayor índice de felicidad suelen tener un factor en común: sus expectativas no son demasiado altas.

Esto las mantiene en una postura de asombro, ya que el acto de recibir se vuelve un regalo, en vez de una obligación.

Te invito a que observes, dentro de lo posible, cuáles son las expectativas que tienes puestas en las personas que hay a tu alrededor, especialmente en tu pareja. Pregúntate si, desde tu perspectiva, eso que esperas podría ser una obligación para esa persona.

Hagamos ahora un breve ejercicio. Comienza una lista de todas aquellas cosas que te gustaría que tu pareja cambiara. Y justo al lado derecho, en otra columna, ve anotando si es algo que hagan todas las personas.

Cosas que me gustaría que mi pareja cambiara	¿Lo hacen todas las personas?
Me gustaría que cubriera todos los gastos	Sí / No
Debería pagar los viajes	Sí / No
Me encantaría que conviviera más con mi familia	Sí / No

Si lo que nos gustaría que nuestra pareja cambiara no es un común denominador en todas las personas, muy probablemente nuestra expectativa es alta. Esto no significa que no pueda suceder, sin embargo, te invito a dejar de poner ese peso en los demás. De esta forma, podrás disfrutar más de lo que la vida te presenta y vivir con una mayor ligereza.

Intenta sentir esto conmigo: ¿Cómo se siente pensar que tu pareja "debería" cubrir todos los viajes y no lo hace?, ¿pesado?, ¿se siente decepción, tristeza? Explora qué se siente.

¿Cómo se siente pensar que tu pareja es libre de elegir cómo administra su parte del ingreso familiar y decide pagar un viaje? ¿No te llenaría de alegría, de felicidad? ¡Claro! No es su obligación y, sin embargo, lo elige. ¿Qué se siente?

Las expectativas que tenemos nos dan información sobre nosotros mismos, esa es su principal función: sacar a la luz nuestras creencias sobre las relaciones. Sin embargo, todo se complica cuando creemos que es obligación de alguien más el cumplirlas. Cuando esto se presenta, es importante reflexionar acerca de si le estamos dando a alguien más la gran tarea de sanar nuestras propias carencias.

¿Qué podrías perder si comienzas poco a poco a cuestionar tus expectativas sobre los demás, y a bajarlas para estar más en conexión con la alegría de recibir?

Tierra fértil

Si te dan a elegir entre vivir en un campo de batalla, en el cual corres un riesgo constante, y un lugar pacífico con una vista agradable y sonidos relajantes, ¿cuál de los dos elegirías?

Por lo regular, todos buscamos sentirnos cómodos y seguros, y esto también aplica en las relaciones. Sin embargo, en nuestra relación pocas veces nos damos cuenta de que con nuestros juicios, reclamos e indiferencia, ambos podríamos estar ofreciendo todo lo contrario. En otras palabras, si deseas que tu relación sea armoniosa, debes preparar el espacio para que lo sea. No se trata de tener la cita perfecta, la fiesta de aniversario o ese viaje especial para que realmente se fortalezca el vínculo, sino que el acercamiento debe ser cotidiano.

Muy seguido veo parejas en las que cada uno está esperando a que el otro dé el primer paso, para después ellos dar el siguiente. Adivina a qué te lleva esta dinámica: a posponer tu propio bienestar. Imagina por un momento que, ante el frío, le pides a una chimenea que te brinde su calor sin haberla alimentado previamente con leña, ¿te suena lógico?, ¡claro que no! Todos sabemos que, como una ley básica, hay que dar para recibir. Claro, me imagino que podrá pasar por tu mente algo como: "Ya me cansé de dar" o "No suena justo que sea yo quien deba empezar". Pero déjame recordarte que estar en esa relación ha sido tu elección (al menos hasta en este momento), y preparar tierra fértil para que esta florezca es una forma de honrarte a ti mismo. Finalmente, el mayor beneficio será para ti, ya que habrás construido un ambiente cálido, seguro y acogedor para estar. ¿Qué puedes perder?

Hay algunas formas de interacción que dificultan este ambiente seguro, y vamos a ir hablando de cada una de ellas a continuación.

Heridas emocionales

Aunque pueda llegar a sonar repetitiva, no dejaré de decirte que es fundamental que cada uno de nosotros tome la responsabilidad que le corresponde por sus resultados. Es poco probable que tú seas un ser iluminado lleno de bondad y perfección, y que tu pareja sea un patán. Esto se debe a que elegimos a nuestra pareja desde nuestra mente inconsciente, sí, justo ahí en donde habitan nuestras heridas emocionales. El dicho popular de "Para cada roto hay un descosido" me empezó a hacer sentido cuando me di cuenta de que elegimos desde ese dolor pendiente de sanar. Tiene lógica, por ejemplo, si me llegué a sentir no vista en mi infancia, intentaré a toda costa remediarlo en mi adultez, más aún cuando llegue a buscar pareja.

Aunque nos cueste darnos cuenta, vamos mucho tiempo por la vida esperando que alguien más se haga cargo de nuestras carencias emocionales. No hay un examen de laboratorio que nos pueda confirmar exactamente qué debemos trabajar, y esto lo vuelve aún más difícil de descifrar. Pero cuando estamos convencidos de que deseamos vivir en paz y plenitud, comenzamos a ver los obstáculos para lograrlo, y vamos descubriendo que esta información se despliega como capas de cebolla. De pronto te das cuenta de que te molesta que tu pareja pase tiempo a solas, reconoces que te sientes excluido de su vida, que te despierta un miedo que ya has sentido antes. Profundizas y comienzas a vislumbrar que vives la situación como un abandono y, finalmente, logras identificar que se asemeja al sentimiento que experimentabas cuando tu mamá salía a trabajar. Claro, desde tu mente de adulto has logrado racionalizarlo al punto de que sabes que tu mamá hizo lo que tenía que hacer, y que lo hizo por el bien de la familia. Sin embargo, tu niño interior no tuvo la capacidad de procesarlo así, simplemente lo vivió como un abandono. Se sintió muy vulnerable en aquel entonces, y ese sentimiento sigue ahí, pendiente de sanar. Por supuesto, cuando tu pareja realiza una acción ligeramente parecida, tu niño interior se activa y toma el mando de tu vida por algunos momentos. Esto lo podemos ver evidenciado cuando enviamos mensajes o tomamos decisiones de las cuales nos arrepentimos después, cuando el yo adulto retoma el mando.

Este es un tema tan amplio que, más adelante, hablaremos a profundidad. Por ahora solo necesitas tenerlo en consideración como una de las cosas que te impiden ser tierra fértil para crear la relación que deseas.

Los juicios o etiquetas

¿Cuántas veces te has adelantado a etiquetar algo como "bueno" o "malo", incluso antes de conocerlo? Las etiquetas, categorías y clasificaciones le sirven a tu mente para ahorrar energía, así que le es más sencillo decir "bueno", "malo", "hombres", "mujeres", "blanco" o "negro", como si solo existieran los polos extremos. ¿Te has dado cuenta de que, por lo regular, cuando las personas se expresan del sexo opuesto dicen cosas como "Todos son iguales" o "Son de lo peor"? Sucede de la misma forma con lo opuesto, diciendo cosas como: "Es un sueño", "Es todo un príncipe". ¿Y qué pasa con todas las categorías que existen entre "el peor" y "el príncipe"? Jamás podrán alcanzar todos los juicios o etiquetas para lograr describir a la inmensa variedad de personalidades que existe. Entonces, ¿por qué nos cerramos a lo diminuto de nuestra visión?

Tus juicios podrían ser una gran limitante para todo aquello que deseas experimentar:
- "¡Uy! Sería imposible que alguien como él se fije en mí...".
- "Eso nunca me pasaría a mí...".
- "Eso solo pasa en las películas...".

Ya sabes, podría seguir eternamente poniendo ejemplos, pero creo que ya se alcanza a entender mi mensaje: compramos ideas, juicios, puntos de vista que nos alejan de la posibilidad de vivir lo que realmente queremos vivir. ¿Qué tal si eso que deseas sí es para ti, y solo requieres tener apertura?

Este tema se ha disparado inmensamente en la era de las redes sociales. Ahora es mucho más sencillo manipular tu imagen hacia los demás, y solo muestras aquello que deseas que vean de ti. Y como basta una imagen para que hagamos juicios y nos contemos historias, es muy sencillo caer en la trampa. Así que, a partir de hoy, te invito a que cuestiones todos los juicios o etiquetas que pones entre tus relaciones y tú.

Recuerdo el caso de Mario, un cliente que se había puesto la etiqueta de tímido a sí mismo, y por ello le costaba relacionarse con chicas, más aún si eran guapas; una foto linda podía intimidarlo profundamente. Él solía decirme:

—Ale, mírala, ¿tú crees que ella aceptaría salir conmigo?

A lo que yo solía responder:

—No lo sabremos hasta que le hagas la invitación...

Con solo ver una foto, él solía poner etiquetas de "inalcanzable" u "ocupada" a la chica que le interesaba. En otras ocasiones, hasta podía narrarme la vida que ella llevaba:

—Seguramente tiene un novio millonario que la consiente muchísimo. Y, claro, ella se sabe hermosa. ¿Para qué me aviento al rechazo?

Muchas veces hablamos acerca de qué podía perder si lo intentaba. Él estaba experimentando el miedo al rechazo desde la barrera, pero también estaba dejando de lado que el rechazo puede ser un gran maestro (me escucharás decir esto muchas veces). Hasta que un día conoció a una de esas chicas que él etiquetaba como "inalcanzable". Con todo y tropezones, logró que aceptara salir con él. ¡Y todo salió bien!, mejor de lo que él mismo esperaba. Me emocioné tanto cuando, dos años después, recibí un mensaje en el que me contaba que estaban planeando casarse.

Todos ponen etiquetas, es un mecanismo mental. No te pido que las elimines, solo que te hagas consciente de ellas, para que puedas elegir cuándo usarlas y cuándo quitarlas de tu camino.

No diferenciar entre preferencias, demandas y exigencias

Cuando decidimos relacionarnos más conscientemente, se vuelve una tarea cotidiana el diferenciar entre demandas, preferencias y exigencias en la relación de pareja. En una relación de pareja, la comunicación efectiva y el entendimiento mutuo son fundamentales para mantener una conexión saludable y duradera. Sin embargo, uno de los desafíos más comunes que enfrentan las parejas es la gestión de las expectativas y necesidades dentro de la relación. Para abordar este tema, es crucial distinguir entre exigencias y preferencias, ya que cada una tiene un impacto diferente en la dinámica de la pareja.

Demandas

Las demandas en una relación abarcan todas esas necesidades esenciales que una persona requiere para sentirse segura, valorada y amada. Estas no son caprichos, ni deseos superficiales, sino necesidades fundamentales que, de no estar satisfechas, pueden afectar seriamente el bienestar emocional de la persona.

Ejemplos de demandas:

- Sentirse respetado y valorado en la relación.
- Tener un espacio para expresar emociones y pensamientos, sin temor a represalias.
- Recibir apoyo emocional durante momentos difíciles.

Es muy importante que ambos integrantes identifiquen y validen las demandas de cada uno. Estas deben ser abordadas con seriedad y empatía, ya que el no satisfacerlas puede desembocar en resentimiento, frustración y, en ocasiones, hasta en la ruptura de la relación.

Preferencias: expresiones de deseos personales

Las preferencias son deseos o inclinaciones personales que, aunque son importantes, no son esenciales para la relación. A diferencia de las exigencias, las preferencias suelen ser flexibles y están abiertas a la negociación. Reconocer y comunicar las preferencias de manera clara y sin presiones es clave para una convivencia armoniosa.

Ejemplos de preferencias:

- "Prefiero pasar las vacaciones en la playa en lugar de en la montaña".
- "Me gustaría que me acompañaras más a eventos deportivos, pero respetaré tu decisión".

Lo ideal sería poder expresar las preferencias de manera abierta, pero sin apegarse rígidamente a ellas. Esto permite que ambos miembros de la pareja tengan espacio para expresar y negociar sus deseos, creando así un ambiente de respeto y comprensión.

Exigencias: cuando tenemos una distorsión en nuestras necesidades y se convierte en control

Las exigencias surgen cuando una necesidad o deseo se expresa de manera inflexible y con una expectativa de cumplimiento que no es negociable. A menudo, las exigencias están acompañadas de ultimátums o amenazas, lo que puede generar tensión y conflicto en la pareja.

Las exigencias pueden estar relacionadas con necesidades no cubiertas en la infancia o con relaciones pasadas.

Ejemplos de exigencias:

- "Tienes que pasar todo tu tiempo libre conmigo; de lo contrario, nuestra relación no funcionará".
- "Si no cambias tu comportamiento, me voy a ir".

Las exigencias son perjudiciales para la relación porque eliminan la posibilidad de un diálogo abierto y constructivo. En lugar de invitar a la apertura y colaboración, imponen una sola perspectiva y generan un desequilibrio de poder. En terapia de pareja se trabaja para transformar las exigencias en solicitudes, las cuales fomentan la cooperación y el respeto entre ambos.

El equilibrio entre demandas, preferencias y exigencias

Una relación saludable se basa en la capacidad de distinguir entre lo que realmente es esencial, lo que es negociable y lo que puede ser dañino para la relación. Al comprender estas diferencias, la pareja puede trabajar en conjunto para satisfacer las necesidades básicas de cada uno, al tiempo que se muestran flexibles y comprensivos con los deseos del otro.

Para lograr el equilibrio es importante mantener un espacio donde nos sintamos con la libertad de expresarnos sin ser juzgados. Una tarea clave para lograrlo es practicar la escucha activa y la validación emocional. La negociación debe implicar tres partes para que pueda ser más sencillo llegar a un acuerdo: los dos integrantes y la relación.

Te comparto el caso de Susana y Javier. Susana deseaba que fueran de vacaciones en pareja, sus hijos ya eran independientes, y tenían mucho tiempo sin realizar un viaje solos. Por su parte, Javier deseaba invitar a su hermano, pensaba que de esta manera podrían divertirse más y compartir algunos gastos. No obstante, Susana insistía en pasar tiempo juntos, sin nadie más.

Cuando expusieron el tema durante una sesión, les sugerí que hablaran sobre cómo les hacía sentir su deseo, y que no solo dieran argumentos sobre por qué era mejor su idea. La dinámica estaba funcionando, ambos sentían interés en escucharse, sin embargo, no llegaban a una conclusión.

Les comenté que a veces las negociaciones de este tipo pueden tardar más tiempo de lo esperado debido a que la balanza se percibe muy pareja. Así que les recomendé agregar a un tercer integrante en la negociación: la relación.

—Entiendo que cada uno de ustedes considera que su opción es la mejor, pero ¿cuál es la mejor opción para la relación?, ¿qué le aporta más a la relación?

Enseguida, Javier mencionó:

—Bueno, no nos vendría mal ahorrarnos un poco en el viaje, pero, siendo honesto, hace mucho que Susana y yo no pasamos tiempo juntos... eso aporta más.

Ambos quedaron satisfechos con la decisión. Esto se logró porque, al incluir al tercer elemento, se neutralizó la lucha de poder entre ellos dos.

Relacionarnos a destiempo

Este suele ser otro factor que aparece muy frecuentemente. Creemos que ambos estamos en el presente, pero lo cierto es que cada palabra y cada gesto puede llevarnos a un momento distante que nos conecte con una experiencia pasada, y que por esto reaccionemos desde la emoción de aquella historia lejana.

Hay palabras que tienen un impacto muy fuerte en nosotros, y escucharlas nos puede hacer reaccionar de una forma tan disfuncional, que terminemos arrepentidos de nuestra respuesta o decisiones. Esto nos aleja de ser tierra fértil, de hecho, todo lo contrario, nos vuelve un campo minado a los ojos de los demás. Y lo malo no es tener heridas por sanar, sino que con este tipo de reacciones le damos a otros la responsabilidad de resolverlas. La solución inicial es el autoconocimiento, reconocer las palabras "gatillo" que nos provocan reacciones, y sanar la historia que lo inició todo.

Este es un aspecto que veo tan frecuentemente en sesiones, que más adelante le dedicaremos todo un capítulo para abordarlo.

Barreras altas

¿Sabías que, sin mucho esfuerzo, somos capaces de construir las barreras más altas y sólidas para alejarnos de nuestros seres queridos? ¡Uy!, en verdad podemos ser expertos en ello. Cuando alguna persona me brinda la oportunidad de acompañarle a observar los materiales de estas grandes estructuras, descubrimos que, básicamente, están hechas de miedo, miedo y más miedo.

Tenemos tanto miedo de relacionarnos abiertamente con los demás y de salir lastimados, que mejor dejamos de hacerlo, como si esta opción sumara seguridad a nuestra existencia, en la cual no tenemos nada seguro. ¿Te das cuenta? ¡Exacto! Es una paradoja. Me alejo para no sentir dolor, pero termino sintiendo dolor por el distanciamiento que yo mismo creé. Es curioso, ¿no?

¿No sería más fácil sentir el dolor cuando realmente llegue, y no de forma constante? Pues sí, pero nuestra mente emocional, que toma muchas decisiones desde el miedo, automáticamente no lo permite. Algo que me encanta recordarles a mis clientes es que nuestra mente está diseñada para ayudarnos a sobrevivir, no a ser felices, por eso está siempre alerta a ver qué peligro se nos puede presentar para que activemos nuestro mecanismo de defensa favorito, y empecemos a construir las dichosas barreras.

Hay una frase metafórica que me gusta utilizar: "Algunas experiencias generan alergias". Si tienes tres meses de relación y pasas por una infidelidad, seguramente puede doler, pero es poco probable que deje huella. Esto es diferente de si viviste mirando a tu mamá lidiar con infidelidades. En ese caso, si tienes una primera relación de pareja que termina por infidelidad, y luego se suma una siguiente relación que termina por el mismo tema, seguro te vuelves "alérgica" a la infidelidad, ¡si no es que al sexo opuesto! ¿Esta es una verdad absoluta? ¡Claro que no!

Como psicoterapeuta, en estos casos observo un patrón que es posible desactivar, pero nuestra mente lo guarda como información relevante para sobrevivir en el futuro. Además, deja activada una alarma sumamente sensible, con la cual puedes ir caminando de por vida con barreras altísimas.

Relacionarse con intimidad no es malo ni tendría que ser peligroso, sin embargo, nuestras memorias y las de nuestros antepasados juegan un papel muy importante. Por ahora, lo más valioso que puedes hacer por ti es reconocer tus propias barreras, ya después veremos cómo poder ir disolviéndolas.

Los cuatro jinetes de Gottman

Los Gottman son unos investigadores que han realizado un trabajo admirable sobre las relaciones de pareja. En su metodología, mencionan a "Los cuatro jinetes del Apocalipsis", y creo que acertaron con el nombre, ¡pues lo dice todo! Se refiere a las cuatro conductas que, al estar presentes en nuestra forma de relacionarnos, tienden a provocar una separación.

Desde mi punto de vista, no me preocupa la separación como tal, me llaman aún más la atención aquellas parejas que tienen estas conductas instaladas y no están considerando separarse, sin embargo, están totalmente hundidas en la insatisfacción, la tristeza y el desgano. No sé si sería más pacífico considerar la separación que condenarse a estar juntos hasta que la muerte los separe.

Te hablaré un poco más de estas cuatro "piedritas" de las relaciones para que, al leerlas, hagas una autoevaluación (antes de diagnosticar a tu pareja).

1. El primero de los jinetes es la crítica. Esta incluye, por supuesto, lo que muchos llaman "crítica constructiva". Si me lo preguntas, no creo que exista una crítica que sea capaz de elevar el amor y la conexión entre dos personas. Sin embargo, muchas personas se llegan a identificar con el rol de "mejorador", y creen que hacer críticas puede potencializar a las personas. Dudo que, en el fondo, esto realmente suceda cuando implica juicios directamente sobre una persona. Otra forma de poner en marcha la crítica es cuando usamos absolutos: "Tú nunca...", "Tú siempre...". Así como culpar a la pareja o usar la difamación en su contra, ya sabes, cuando aseguramos que hizo o no hizo algo, sin realmente tener la seguridad de ello.
2. El segundo jinete es el desprecio, y se refiere a cuando usamos el escepticismo, los insultos, cualquier tipo de menosprecio, gestos o

sonidos de disgusto o desprecio, sarcasmo, humor hostil, humillaciones, actitud confrontativa, y hasta poner los ojos en blanco o hacer caras.
3. El tercer jinete es la actitud defensiva. ¿Te ha tocado que expresas cómo te sientes y te rebaten con otro tema?, pues eso es actitud defensiva. Esta abarca también el usar excusas, evitar asumir responsabilidades y defenderse sin escuchar completamente al otro. En resumen, es como su nombre lo dice: estar constantemente a la defensiva.
4. El cuarto jinete es la actitud evasiva. En pocas palabras, es cuando no puedes expresarte, las emociones te ganan; hay una sensación de bloqueo y tienes ganas de gritar, de llorar o de escapar, pero estás paralizado.

Como puedes ver, son muchas las formas en las cuales, sin darnos cuenta, podemos estar creando un ambiente en donde es imposible que la semilla del amor crezca. Te invito a ver tu relación tal cual como si fuera un jardín o un huerto, no puedes exigir que este te dé frutos dulces y flores con aromas maravillosos de inmediato, esto es un proceso. Se requiere preparar la tierra, después sembrar, cuidar su crecimiento, y muchas veces abonar y podar hasta que llega el momento de disfrutar el resultado.

Muy probablemente es un tema cultural, ya que nos toca vivir en una era en la que todo está al alcance de un clic, y podemos llegar a creer que todo en la vida funciona igual, incluso podemos experimentar falsas pruebas de esto. Actualmente hay muchísimas aplicaciones en donde puedes conseguir una cita en minutos, ¡lo cual sería impensable décadas atrás!, pero debemos recordar que tener un encuentro no es lo mismo que formar un vínculo fuerte. Sea cual sea el medio por el que se realice el contacto, no podemos evitar el proceso que conlleva el construir una relación fuerte.

En los siguientes capítulos profundizaremos un poco más en algunos de estos temas para descubrir cómo, con algunas pequeñas acciones, podemos lograr cambios grandes.

El inicio de todo

Es muy probable que al iniciar una relación de pareja lo hicieras con un deseo interior de sentirte mejor, saber que eras amado, sentirte especial para alguien y, sobre todo, compartir buenos momentos en compañía de una persona especial, sin embargo, esa fantasía no siempre dura mucho tiempo. No es que las relaciones sentimentales no puedan ser placenteras, sino que tener muchas expectativas erróneas de lo que "debe" ser el amor y de cómo "deben" ser los hombres o las mujeres nos llevan a decepcionarnos constantemente. Además, muchas veces le damos tareas a nuestra pareja que nos corresponden a nosotros mismos.

Mi intención con esta lectura es llevarte de la mano a conocer las posibles causas del porqué tu relación no está funcionando como quisieras. Adicionalmente, también quiero compartir contigo algunas herramientas de apoyo que te pueden ayudar a transformar tu relación para ir del caos a la reconexión, observando los hechos desde un punto de vista más objetivo; es decir, dejando a un lado los "lentes de dolor" que te impiden ver las posibles soluciones.

Es real que en una relación de pareja los conflictos y los malos momentos pueden llevarte a vivir de una manera tan detestable, que consideres que la unión fue una mala idea o incluso que pienses en la separación definitiva; sin embargo, hay factores que nos impiden observar la relación de manera clara, y nos llevan a tomar decisiones impulsivas y apresuradas, de las cuales nos podemos arrepentir más adelante.

Varios de los factores que influyen para que se presente una crisis de pareja los puedes estar viviendo hoy en tu día a día, te platicaré algunos ejemplos.

El primero es un alto nivel de estrés, sí, esa sensación de tensión que invade todo el espacio que comparten. Los detonantes del estrés pueden ser desde el insomnio, la presión laboral, la llegada de los hijos, una diferencia de opiniones, una deuda económica, etc. En ocasiones se nos complica diferenciar de dónde proviene la tensión, y si adicionalmente no tenemos una gestión emocional adecuada, ¡*boom!*, tenemos una explosión.

Otro factor está compuesto por los cambios drásticos de rutina. Estos no son necesariamente negativos, por ejemplo, la llegada de un hijo suele ser un anhelo para muchas parejas, pero no siempre significa que estamos preparados emocionalmente para manejarlo. Por más hermoso que suene, la llegada de un bebé a casa implica cambios en la dinámica, ajustes en el espacio, aumento de gastos y, en muchos de los casos, dormir menos. Todos estos cambios requieren adaptación por parte de la pareja, y cuando hay resistencias internas que impiden que este cambio se asimile rápidamente, las parejas suelen cuestionarse si la separación sería una solución a sus problemas. Aunque no necesitamos que llegue un bebito a movernos el tapete; un simple cambio de trabajo, un cambio de domicilio, un despido, una pérdida de un ser querido, la etapa en la que los hijos empiezan a ir a la escuela o cuando se mudan de casa, etc., pueden considerarse cambios drásticos de rutina. En resumen, necesitamos adaptarnos a cualquier cambio.

Otro ejemplo es la hiperconectividad. Recientemente, atravesamos por una pandemia que puso en evidencia este factor. Muchas parejas tuvieron que compartir espacio por más tiempo del que estaban acostumbradas, y resultó en un caos. Te puedo contar que las consultas se dispararon, y esto fue debido a que no estábamos preparados para lo que estaba sucediendo, no sabemos interactuar con tanta regularidad. Recuerdo a una clienta que me dijo: "Ale, nos urge una consulta, no sabemos si solo mudarnos y vivir separados, o si debemos divorciarnos". El caso era que ella y su pareja no veían ya la posibilidad de vivir juntos en armonía.

Y bueno, la pandemia tenía sus retos, no podíamos convivir con las personas con las que regularmente lo hacíamos, ya que la recomendación era guardar distancia; muchos perdieron su trabajo y otros tuvieron que adaptarse a realizar sus actividades desde casa. La carga emocional aumentaba con la pérdida de vidas, el estrés, la tristeza y el sinfín de emociones que nos invadían. La constante era la petición "quédate en casa", pero ¿cómo hacerlo? Antes de la pandemia, normalmente nos escribíamos por *WhatsApp* durante el día si era necesario. ¿Vernos?, solo por la noche para cenar y dormir. Era necesario tener convivencia para practicar nuevas interacciones, y así, de buenas a primeras, a muchos se les dificultó hacerlo.

Durante la pandemia, en muchas familias se notó que hacía falta conexión. Pero no hay que confundirnos, la conexión también debe darse en equilibrio, sin caer en los extremos. Cuando el tiempo que pasan juntos es muy poco o es exagerado sucede lo mismo: se presenta una crisis.

¿Qué me dices de la incertidumbre? Cuando atravesamos largos periodos de incertidumbre también solemos tener una reacción. Al final del día, el mantenerse en estado de alerta por demasiado tiempo consume mucha energía y provoca estrés.

Podemos agregar más factores como la ausencia afectiva prolongada y la desconexión emocional, ¿te suena alguno? Todos estos factores, sí o sí, nos llevan a vivir crisis de diferentes tamaños y colores, pero al fin crisis. Sin embargo, recuerda que la crisis es una invitación a adaptarnos, solo eso. No es un derrumbe, ni un final, como solemos verla, sino que es un llamado a hacer algo diferente.

Algunos factores se pueden presentar de forma diferente según la etapa en la cual se encuentre tu relación. Debes saber que todas las relaciones sentimentales atraviesan por diferentes etapas; es importante que puedas detectar en qué etapa se encuentra la tuya, y así poder descubrir las mejores opciones para resolver los conflictos que puedan llegar a tener. A continuación, te muestro las ocho etapas que se viven a lo largo de una relación, con la finalidad de que identifiques en qué etapa se encuentran tú y tu pareja, y cuáles podrían ser los retos más comunes en esta.

Etapa 1. Enamoramiento

Esta podría ser la etapa más conocida, se da en un inicio, y en ella nos vemos profundamente atraídos. A pesar de que puedan existir factores en contra, nos cuesta trabajo verlos con claridad, solo podemos ver la gran atracción que siente uno por el otro, dejando afuera toda clase de defecto. Cabe mencionar que, mientras vivimos esta etapa, somos una potencial revoltura de sustancias bioquímicas incapaz de ver objetivamente la realidad.

Esta etapa se caracteriza por el deseo y la pasión desenfrenada. En muchas ocasiones he escuchado: "Ale, ya no nos sentimos tan enamorados como antes". Y cuando les digo "¡Excelente noticia!", suelen poner cara de confusión. Esta etapa es disfrutable, pero solo temporalmente. Si te pones a recordar las veces que te sentiste enamorado, sabrás que había insomnio, podías pasar horas y horas hablando con esa persona que te provocaba mariposas en el estómago. ¡Uf!, entre más tiempo juntos, mejor. Toda esa combinación de hormonas en nuestro cuerpo nos vuelve incansables, pero esto no es sostenible a lo largo del tiempo, ¡imagínalo!, no podríamos ni siquiera sostener un trabajo o la escuela. Así que, tenemos varios puntos para agradecer a la naturaleza que su ayuda sea temporal.

El que termine esta etapa no es el fin, sino el comienzo de la oportunidad para conocerse mejor, y de esta forma tomar o descartar la idea de quedarse juntos.

Etapa 2. Conocimiento

Poco a poco vamos dejando de idealizar a nuestra pareja para ir reconociendo que existen diferencias y cosas en común. Comenzamos a mostrarnos como realmente somos. Compartimos experiencias, anhelos y miedos, y el encuentro comienza a ser más real.

En esta etapa empezamos a darnos cuenta de que no todo es color de rosa, y que hay aspectos que nos disgustan muchísimo del otro. Se comienza a interactuar con el entorno de la pareja, por ejemplo, se conoce a la familia y amistades del otro. Regularmente, esta etapa se atraviesa durante el noviazgo, y nos ayuda a ampliar el conocimiento de nuestra pareja. Con las distintas interacciones y cambios de escenarios, se vuelve notable que los valores pueden ser diferentes en cada uno. En caso de que las diferencias sean inaceptables e imposibles de negociar, muchas parejas optan por separarse.

Etapa 3. Convivencia

Después de pasar tiempo conociéndose, deciden que están listos para compartir una vida en común, aumentando con ello el compromiso de ambos para iniciar un hogar juntos. Algunos deciden casarse, y otros simplemente mudarse a vivir juntos.

En esta etapa comienzan a darse cambios que podemos interpretar erróneamente, por ejemplo, es común que aquí la actividad sexual disminuya debido a las nuevas responsabilidades y la rutina. Justo es en esta etapa en la que muchas parejas "caen en la cuenta de que ya no están enamorados". Y claro, lo esperado es que, debido a que comparten una vida en común, tengan mayor empatía y entendimiento, sin embargo, puede no ser así. Ya no tenemos ese empujoncito hormonal que nos daba la naturaleza, y a esto hay que sumar que comienzan a activarse muchas creencias familiares. Algo en nosotros nos dice que un novio puede tener ciertos comportamientos y límites, pero al convertirse en esposo, estos factores cambian de forma automática y sin previo aviso. Nuestro error es pensar que esas creencias y expectativas son iguales en todas las personas, que los roles son similares en todas las familias, y no funciona así.

Cuando uno de los dos (o ambos) busca mantener un poder mayor que el de su pareja, tratando de ejercer el rol que se adjudicaron, las interacciones comienzan a ser cada vez más insatisfactorias. A nadie nos gusta que nos digan cómo debemos ser o que todo está mal con nosotros, es por eso que a menudo las personas dicen que el primer año de casados suele ser caótico. Hay un choque de ideas al momento de que cada uno intenta hacer su propia "revolución".

Me gustaría poder recordarles a las parejas que se encuentran en esta etapa que no se trata de imponer, se trata de conocernos y negociar, para que, en vez de tratar de imponer las creencias o tradiciones de cada una de sus familias de origen, se pueda tomar lo mejor de ellas y hacer una nueva combinación. Para lograrlo, el diálogo, los acuerdos y negociaciones son básicos en esta etapa.

Etapa 4. Autoafirmación

Tras haber tenido un tiempo de convivencia, surgen las necesidades individuales y, a la par, la necesidad de defenderlas. Pueden surgir crisis personales por situaciones individuales no resueltas. Surgen inseguridades, y se vuelve fundamental aprender a respetar el espacio y el tiempo individual de nosotros mismos y de nuestra pareja, reconociendo que tener intereses diferentes no significa que el amor acabó ni que el interés disminuyó, sino que se encuentran en una etapa más madura de la relación.

¿No sería maravilloso amar y ser amado desde la libertad? Bueno, ese siempre debió ser uno de los objetivos, pero en muchas ocasiones no nos damos cuenta de lo necesario que es hasta que nos vemos inmersos en esta etapa. Las relaciones más satisfactorias suelen tener actividades en conjunto, comparten tiempo de calidad, pero también cultivan sus relaciones con otras personas y disfrutan de su tiempo libre realizando actividades que le sumen diversidad a su experiencia de vida. Sentirnos aceptados y respetados en nuestros intereses individuales puede brindarnos la oportunidad de aportar una mayor vitalidad a la relación.

Etapa 5. Crecimiento

La relación se muestra más madura y estable. Es en esta etapa en la cual se suele considerar tener hijos. Comienzan a tener proyectos en común y a largo plazo. Estas nuevas inquietudes favorecen que aparezca de nuevo la ilusión y el entusiasmo.

Las nuevas circunstancias los llevan a aprender a trabajar mejor en equipo. Regularmente, las inseguridades quedan atrás, el efecto novedad suele dar aire fresco a la relación y se sienten más fuertes que al inicio.

Etapa 6. Adaptación

Al continuar la relación vienen los cambios: se convierten en padres, cambian de domicilio, emprenden un proyecto juntos, los hijos se independizan, llegan los nietos, la jubilación, enfermedades... Esta es una etapa que se repite con cada cambio mayor que se presenta, y para la pareja es una especie de reencuentro después de ver cada uno de sus resultados.

La adaptación es una etapa que requiere ser vivida varias veces, justo después de las crisis. ¿Recuerdas que te mencioné que las crisis eran un llamado a la adaptación?, me refería precisamente a esta etapa. La adaptación es el proceso que nos ayuda a asimilar que han ocurrido cambios importantes en nuestra relación, y que requerimos hacer modificaciones en la dinámica que tenemos.

Etapa 7. Deterioro

Cuando el tiempo transcurre, es posible que veamos que la relación va perdiendo su luz. La satisfacción que antes nos producía se va diluyendo de forma progresiva. Es entonces cuando se comienza a evaluar el coste de mantener la relación comparado con el de terminarla.

Cabe destacar que esta etapa no siempre se presenta, ya que muchas parejas buscan asesoramiento y herramientas para que su relación no llegue a ser monótona, y logran mantenerse en la etapa de adaptación por más tiempo. Algo que yo suelo sugerir es que se retome intencionalmente la etapa de conocimiento. ¿La recuerdas? Te mencioné que esta solía darse aún dentro del noviazgo. Pero quiero que sepas que se requiere de mucha disposición para lograrlo, aunque esto no significa que sea difícil. Para ello, es necesario asumir que no somos los mismos de hace diez años, ni de cinco, incluso no somos los mismos que ayer, y esto significa que seguramente muchos de nuestros gustos e intereses han cambiado. Entonces, ¿por qué no actualizarnos?

Para ventaja nuestra, actualmente puedes encontrar juegos de mesa y aplicaciones que te faciliten el trabajo. Pero, siendo honesta, ni siquiera requieres de eso.

Recuerdo que cuando conocí a Julio y Esther, llevaban un largo periodo en el que habían dejado de compartir tiempo en pareja. Se notaba el desgaste en sus miradas, y también lograba notarlo cuando se sentaban en extremos diferentes del sillón de mi consultorio. Ellos acudieron pensando que en ese momento de sus vidas, cuando sus hijos se habían ido a estudiar fuera de la ciudad, ya no había nada más que los uniera. Les propuse comenzar a establecer tiempo deliberadamente para estar en pareja, pero al intentarlo se dieron cuenta de que su mayor dificultad no era asignar ese tiempo, sino encontrar un tema del cual hablar. Estaban tan desconectados, que no tenían ningún tema de conversación, así que se me ocurrió hacer una lista interesante de preguntas y se las envié a Esther. Ella le propuso a su esposo salir a cenar y jugar a hacerse esas preguntas al azar, y tuvieron resultados muy positivos. Recuerdo que la siguiente vez que los vi, me contaron que ambos descubrieron cosas nuevas de su pareja que ni siquiera se habían imaginado. Así es como volvemos a lograr el mágico efecto de novedad.

El efecto de novedad es un gran aliado al momento de buscar que la conexión se reviva, y hay más formas de conseguirlo. Una que me encanta es la de probar aprender una habilidad nueva juntos. Pueden ser clases de baile, carpintería, etc. Incluso, pueden ser dos habilidades distintas si es que no logran decidirse por una que les agrade a ambos. Lo importante es activar nuestro cerebro de una nueva forma.

Otra manera de lograr el efecto de novedad es saliendo de la rutina, cambiar algunos días nuestros horarios de trabajo o el orden de nuestras actividades. Atrévete a cambiar de rutina aunque inviertas un poco más de tiempo, pues seguro que en ese tiempo se pueden llegar a sumar buenos momentos.

Etapa 8. Finalización

Esta es la última etapa de toda relación, y no necesariamente se llega a ella por una ruptura, sino que muchas veces puede ser por la muerte de alguno de los integrantes, o por otros factores.

Muchas parejas terminan en esta etapa sin siquiera darse cuenta, solo perciben que un día dejaron de sentir interés y amor por el otro, incluso sin que un evento negativo se presentara. Por ello, es importante tener el conocimiento de las diferentes etapas y tener a la mano la información de apoyo que nos ayude a transitarlas de manera más consciente y amorosa.

Si actualmente estás buscando alternativas para darle un giro positivo a tu relación de pareja es porque, dentro de ti, tienes la intención de avanzar a la siguiente etapa, resolver los conflictos presentes y que puedan llegar a unirse más tu pareja y tú.

Pero antes de avanzar, es mi deber informarte que hay algunos factores que serán necesarios para continuar el proceso de forma efectiva, ya que sin ellos difícilmente se podría alcanzar un resultado distinto, estos son: apertura mental, disposición para actuar diferente y responsabilidad. Te hablaré un poco más de ellos a continuación.

Apertura mental

Bien dicen que nuestra forma de pensar define la manera en la que actuamos, y sí, en los años que llevo practicando la terapia de pareja, me he dado cuenta que el primer obstáculo a vencer es lograr una apertura mental que nos permita cambiar la perspectiva y aceptar nuevas ideas que nos acerquen a nuestro objetivo. Si no has encontrado la solución es porque estás buscando en el lugar equivocado.

En muchas ocasiones el principal enemigo a vencer es nuestro pensamiento más habitual. Claro, sé que detrás de cada pensamiento (aún los más negativos) hay escondida una intención positiva. Por ejemplo, cuando una persona es sumamente controladora con su pareja, un pensamiento habitual podría ser: "Debo evitar que me vea la cara", o algo como "Dudo que lo pueda hacer bien, va a fallar". Estos pensamientos esconden la intención de autoprotegerse, intentan evitar sentirse lastimados nuevamente, y en el afán de lograrlo, pueden llevar acabo estrategias como reclamos, interrogatorios constantes o hasta vigilar a su pareja.

Independientemente de la problemática que estés viviendo actualmente, hoy te invito a preguntarte: ¿qué estrategia estoy usando como un intento de solución?, ¿esta estrategia que he intentado por tanto tiempo me ha estado funcionando?,

¿quiero continuar usándola a pesar de que no me genere resultados favorables? ¿Me explico? La mayoría del tiempo intentamos una y otra vez las mismas acciones que no nos han dado resultado, como si un día, por arte de magia, fueran a transformar a nuestra pareja en otra persona que sea incapaz de hacernos daño. Y lo peor es que, en dicho intento, a la persona que más dañamos es a nosotros mismos.

¿Ahora puedes ver por qué es tan importante tener la apertura mental para aceptar ideas diferentes a las que siempre hemos tenido? No te pido que a partir de hoy seas una persona totalmente diferente, pero sí te invito a que consideres que tus pensamientos pasados te han llevado al resultado que ya conoces, y si hoy deseas un resultado diferente, consideres abrirte a la posibilidad de pensar diferente.

Disposición de actuar diferente

Claro, no se trata solo de pensar diferente, ese es el primer paso; también será necesario actuar diferente. La ventaja de este nivel es que se da de forma más natural y fluida que el primero. En la primera sesión, tanto en trabajo individual como de pareja, siempre les hago saber que, aunque les pueda parecer ridículo o sin sentido, será importante estar abierto a hacer cosas diferentes. Y lo dejo muy en claro, porque si continuamos usando las mismas estrategias de siempre, ya sabes qué resultados tendríamos, ¿cierto?

En ocasiones será necesario probar cosas nuevas, tal y como si intentáramos preparar una receta de un platillo que nos han recomendado, pero que aún no hemos probado. Habrá que tomar el riesgo de experimentar en nuestra "cocina". Por ejemplo, hay parejas que han pasado muchos años sin mirarse a los ojos, y cuando los invito a hacerlo por algunos minutos, me dicen: "¿Y eso cómo podría ayudar a resolver nuestros problemas?". Claro, no saben que verse a los ojos es un ejercicio que nos puede ayudar a reconectar emocionalmente, y que puede aumentar en gran medida la empatía entre ellos. Si deciden no tomar la sugerencia, se podrían perder la oportunidad de iniciar un cambio casi inmediato. He visto a parejas que, con solo verse a los ojos por algunos minutos, dejan caer las lágrimas que tanto habían evitado soltar, se abrazan, y retiran (al menos temporalmente) las barreras que los separaban al iniciar la sesión. Hoy tú tienes el mismo llamado a intentar hacer algo diferente, y no solo por tu pareja, sino por ti mismo.

Responsabilidad

Esta será una palabra clave que espero que nunca olvides. Creo que frecuentemente las personas suelen confundir la culpa con la responsabilidad, incluso tratan de huirle a toda costa y dejársela a su pareja. A diario escucho y leo: "Si no funciona, es su responsabilidad", "Es por su culpa", "Yo no tengo la culpa de que sea así", etc., etc. Hace mucho que decidí dejar de usar la palabra culpa, porque simplemente ya no era útil en mi forma de ver la vida, pero encontré la palabra que podría sustituir la idea: responsabilidad.

La culpa procede del ego (desde la psicología, es el yo), y este siempre busca la forma de evitar conectar de manera profunda con el otro, por ello nos aleja en gran medida de vivir en el amor, manteniéndonos cegados en el miedo. La responsabilidad, en cambio, te invita a tomar tu parte y a ejercer tu poder de modificar lo necesario.

Imagina una situación que no es de tu agrado, si tú decides culpar a otra persona de cómo te sientes, automáticamente renuncias a la posibilidad del cambio, ya que depositas toda oportunidad de hacer algo diferente en alguien más. Si optas por tomar la responsabilidad, mantienes tu poder contigo y, con ello, la posibilidad de cambiar la situación.

Este factor nos lleva de la mano a abandonar el victimismo, a soltar la idea de que los demás "te hacen algo" o te generan algún tipo de daño, ya que al tomar la responsabilidad en todo momento sabes que estás con la persona que elegiste libremente, y, si así lo deseas, puedes dejar de elegirle.

"*La definición de locura es hacer la misma cosa, una y otra vez, esperando obtener diferentes resultados*".

Albert Einstein

Aclarado este punto, podemos avanzar para descubrir una nueva forma de relacionarnos con el amor. Definitivamente, nos encontramos en una etapa que nos invita a poner a prueba la relación. Estamos llamados a tomar la decisión de llevar nuestra unión a un nivel más consciente, donde puedas apreciar con claridad la oportunidad de aprendizaje que la relación te está otorgando.

Considero que las situaciones son neutrales, y es nuestra historia y percepción lo que nos hace verlas como negativas o positivas. ¿Te ha sucedido que pasas por una situación que para ti es muy negativa, pero para otros es positiva? O viceversa, pasa algo que para ti es una oportunidad muy positiva, y otras personas la ven como una desgracia y una pérdida. Seguramente sí, esto a todos nos ha pasado en algún momento. Algunas parejas piensan que los hijos son un gasto, y para otros son una gran motivación; algunos creen que es mejor casarse jóvenes, y otros de edad mayor.

Aquí entra en juego nuestro esquema de creencias, y estas creencias se van formando por ideas heredadas de nuestra familia o con base en experiencias propias. Estas ideas, grabadas en nuestro inconsciente, funcionan como limitante para relacionarnos con nuestra pareja, familia, amigos, profesión, dinero, salud, ¡todo! Y aunque es un tema muy extenso que me gustaría abarcar más profundamente, al menos de inicio quiero invitarte a que te cuestiones si todo lo que piensas acerca del sexo opuesto es cierto. ¿Es verdad todo lo que has pensado acerca del amor o las relaciones?, ¿es así para todo el mundo?

En la medida en que avancemos, te darás cuenta de que no podemos tener en nuestra vida algo que no creemos que sea posible tener. Sé que muchos tendrán en este momento una expresión de asombro, pero así es: solo tienes el dinero que crees merecer, solo recibes el amor que crees merecer, solo tienes la salud que crees merecer. Es algo fuerte, ¿no? Aquí es donde renuevo mi llamado a invitarte a conocerte, a amarte, a respetarte como el maravilloso ser que eres, ya que es la única manera de crear una relación sana con los demás. Parte del trabajo que se realiza en terapia es el autoconocimiento, ver con lupa estas creencias limitantes que están guiando tu vida en automático, para confrontarlas, evaluarlas, resignificarlas y construir nuevas ideas si es necesario, y así puedas llevar una vida con mayor bienestar. Te invito a reflexionar, conforme avancemos, en qué cambios te gustaría crear en tu relación, y si estás dispuesto a que, antes de exigir a tu pareja, darte las cosas tú mismo, como un regalo de ti para ti. Mientras tanto, avancemos.

Me encanta el tema de las creencias, es increíble cómo todo lo que aceptamos como cierto se impregna en nuestra realidad. Sé que es un tema que parece complicado porque muchas veces no podemos verlas tan fácilmente en nosotros, y menos podemos decirle a nuestra pareja: "Cariño, ¿te parece si hoy invitas a tus creencias a cenar? Me encantaría poder conocerlas". Sería genial poder hacerlo, ¿no crees? Tal vez físicamente no podemos conocerlas, pero te daré un *tip* que te ayudará a conocerte más a ti mismo y a quienes te rodean: voltea a ver sus resultados, su historia. ¡Sí!, ahí está la clave. Las creencias generan experiencias.

Te daré algunos ejemplos. ¿Alguna vez te ha tocado conocer a alguna mujer que diga: "Los hombres son unos abusivos"? ¿Cómo te imaginas que han sido sus relaciones para que se exprese así? Muy probablemente no ha tenido buenas experiencias, porque no me imagino cómo una mujer que vive una relación de pareja en plenitud, con un hombre que considera maravilloso, diría que los hombres son abusivos. Pero el tema es aún más profundo, ¿sabes por qué?, porque puede expresarse de esa manera aún sin haber tenido nunca una relación de pareja; es decir, puede tener implantada la creencia del abuso desde antes de estar en la etapa de conocer posibles parejas. Y para nuestro asombro, la gran mayoría de las veces es así. Muchas de las creencias que hoy en día limitan tus relaciones están ahí contigo desde antes de que tu relación empezara. De hecho, aunque no creo que te guste escucharlo, esas creencias te ayudaron a elegir a tu pareja actual.

Es muy común escuchar en consulta cosas como: "Desde que me mintió, ya no creo en los hombres", "Desde que me fue infiel, sé que no debo confiar", "Ahora sé que las mujeres son interesadas", etc. Podría seguir dando ejemplos, pero creo que se alcanza a entender la idea. Creemos que nuestra experiencia en pareja desató nuestra desconfianza, nuestra incertidumbre en el amor, y que fue ahí donde cambió todo, pero la mayoría de los casos es al revés, la creencia ya estaba implantada, funcionó como un radar y te ayudó a elegir a la pareja perfecta para evidenciar tu creencia interior en el exterior. Existe una ley universal llamada "Ley de la correspondencia", la cual dice que como es arriba es abajo, como es adentro es afuera, y creo que en este punto encaja perfectamente.

Estoy consciente de que, si es la primera vez que escuchas esta idea, seguramente no será algo muy agradable. Pero créeme cuando te digo que esta es una de las principales ideas a transformar para poder lograr cambios en tus relaciones. Quizás alguien pudiera estar pensando ahora mismo "¿Me estás diciendo que es mi culpa atraer solo hombres infieles?", y no, no me gusta usar el término culpa, pero sí me gustaría invitarte a tomar parte de la responsabilidad, porque como te dije antes, es la única forma de acceder a tu propio poder. Sé que una parte de nosotros se va revelar ante esta idea, tomar responsabilidad es algo que aterroriza a nuestro ego, más aún si estamos hablando de la posibilidad de cambiar algo que desde su punto de vista podría dejarnos desprotegidos.

Todas las creencias tienen un propósito, incluso las creencias limitantes, ya que todas tienen la función de cuidarnos y ayudarnos a sobrevivir. Pero si estás leyendo este libro, me imagino que eres de las personas que no se conforma con solo sobrevivir, sino que estás aquí buscando respuestas que sumen alegría, amor y felicidad a tu vida, ¿cierto? Entonces, será importante que abras tus ojos más allá de lo visible, y que empieces a cuestionar si lo que tú crees está en sintonía con tus resultados.

Ejercicio

Comencemos con el verdadero trabajo interior, hagamos un ejercicio. Toma lápiz y papel y escribe las respuestas a las siguientes preguntas.

Parte 1

- ¿Qué es lo primero que viene a tu mente si te pido que pienses en relaciones de pareja?
- ¿Por qué este aspecto de tu vida no está saliendo como lo deseas?
- ¿Qué emoción acompaña a esa creencia?
- ¿Cuáles son los principales temores que detectas en ti al pensar en una relación amorosa?

Escribe todo lo que recuerdas haber escuchado con respecto a las relaciones, el matrimonio y el amor, y enseguida contesta las siguientes preguntas:

- ¿De quién lo escuchaste?
- ¿Qué rol tenían en tu vida las personas de quienes lo escuchaste?
- ¿Cuál crees que podría ser la función positiva de sus creencias?
- ¿Cómo sueles tomar decisiones con las creencias actuales?

En tus respuestas encontrarás información muy valiosa. Estas son creencias que se han ido sumando a través del tiempo, algunas por experiencia propia y otras más porque las escuchaste de personas que fueron importantes en tu vida, o que al menos tuvieron una posición de autoridad en ella.

Parte 2

En una columna, enlista las creencias limitantes que encontraste sobre las relaciones de pareja. Posteriormente, al lado, en otra columna, intenta colocar una creencia opuesta (positiva).

Al terminar, responde las siguientes preguntas:

- ¿En dónde podrías encontrar evidencia de esas creencias positivas?
- ¿Qué cambios podrías obtener si adoptaras como propias estas nuevas creencias?
- ¿Puedes detectar alguna de estas creencias positivas en algún familiar, amigo o conocido?
- ¿Cómo sería tu vida dentro de cinco años si lograras este cambio positivo?

Yo suelo pensar que cuando nos hacemos conscientes de algo, se nos comienza a dificultar el tratar de hacerlo igual que antes, pues para nosotros ya no es lo mismo... Así que intenta realizar este ejercicio a consciencia, toma tu tiempo para pensar y sentir las respuestas.

Recuerdo con mucho cariño a Samantha, quien llegó a consulta muy angustiada porque estaba segura de que su matrimonio estaba por terminar, y le preocupaba qué pasaría con sus hijos pequeños. Decía continuamente: "Yo ya lo sabía: lo bueno no dura". Efectivamente, su relación atravesaba por una crisis, pero no significaba que fuera el fin de esta. Con un ejercicio similar al anterior, descubrimos una serie de creencias que le decían que la felicidad no duraba. Como su matrimonio había sido muy feliz durante los primeros años, ella se preparaba para el fin. El reconocer las creencias limitantes y, por esos días, darse la oportunidad de asistir a un festejo de bodas de oro en su familia, nos ayudó a que estuviera abierta a nuevas posibilidades para su relación. Recuerdo muy bien escucharla decir: "Si otras parejas pueden hacer durar su matrimonio siendo felices, nosotros también". Definitivamente, eso no me lo hubiera podido decir en la primera consulta, pero, en la medida en que fue profundizando en sus creencias, pudo lograr una nueva apertura.

Nuestra mente es tan buena aliada, que nos ayuda a encontrar la evidencia que necesitamos para lo que sea que elijamos creer, nuestra principal tarea es que nuestra elección de creencias sea favorable.

El propósito del amor

Escucho frecuentemente "El amor es complicado", "Las relaciones son un lío", pero cuando me detengo a pensar en esto, termino por convencerme más de que no es así. Las relaciones no son complicadas, mucho menos el amor, nosotros somos los realmente complicados, y al ser de esta manera, tendemos a verlo todo complicado. Nos aferramos a que nuestra pareja actúe de cierta forma, nos cerramos a pensar que todos deben de ser como nosotros, o como nosotros queremos que sean, exigimos que nos demuestren amor solo de la forma que nosotros conocemos... ¿y cómo no se va a volver complicada una relación si ponemos tanto peso sobre ella?

Tengo un punto de vista muy particular sobre las relaciones, el cual no está basado totalmente en la psicología, sino en mi propio aprendizaje de vida y en mi práctica espiritual: para mí, las relaciones son un sistema de crecimiento personal. Desde que logré verlo de esta manera, ha sido profundamente gratificante resignificar mis propias experiencias, así como las de mis clientes. Permíteme explicarte más acerca de esto, porque sé que es muy probable que tengas creencias muy profundas que no encajan con este nuevo término. Muchas personas asumen que tener una pareja es el camino a la felicidad, otras piensan que es responsabilidad de su compañero hacer todo lo que esté en sus manos para que ellos sean felices, otros que es un deber que llega con la edad, otros más que se debe de tener pareja para poder hacer una familia... ¿te has cuestionado qué propósito tiene para ti el tener una relación de pareja?, ¿para qué deseas tener pareja?, ¿qué función le estás asignando? Te recomiendo tomarte un tiempo para indagar un poco en este tema, ya que es muy probable que justo en este punto se encuentre la raíz del conflicto que no has podido solucionar.

Desde mi punto de vista, creo en que las relaciones, de cualquier tipo, tienen mucho potencial de enseñarnos todo sobre nosotros mismos. Nos permiten ver por medio de otro aquellas cosas que para nosotros son realmente importantes, así como nuestras propias características, creencias y heridas que tenemos pendientes de sanar. Sin embargo, pasamos más tiempo peleando con nuestra pareja por lo que nos refleja de nuestra propia historia, que sanando aquello que en verdad nos duele y nos concierne. Si nos damos la oportunidad de observarnos de forma diferente por medio de los otros, podemos avanzar más rápido. Al tomar responsabilidad de nuestras elecciones y emociones, eliminaríamos el sufrimiento y podríamos generar cambios más relevantes en nuestra vida. Para esto hay que reconocer el propósito que le hemos dado al amor, y cuestionarnos si queremos seguir persiguiendo ese mismo propósito o darle un sentido más profundo y elevado.

"*Las relaciones no están aquí para hacernos felices, están aquí para hacernos profundamente conscientes*".

Eckhart Tolle

¿Qué sería de tu relación sin todas las expectativas que has puesto alrededor de esta?, ¿te lo has cuestionado alguna vez?, ¿qué tal si todo eso para lo que crees que es una relación te está distrayendo de lo que realmente es?

Imagina que decides usar un martillo para comer tu sopa, seguro que comerla se volvería complicado, difícil, incluso hasta podría ser doloroso. Por supuesto, sabes que para comer sopa requieres de una cuchara, y jamás te pasaría por la mente usar el martillo en su lugar... suena lógico, ¿cierto? ¿Y si con las relaciones estamos haciendo algo similar? Entonces tendría sentido por qué tantas personas se sienten decepcionadas de los resultados, ¿no?

Definitivamente, concuerdo con la idea de que las relaciones no son para hacernos felices, aunque esto no significa que no puedas ser muy feliz relacionándote y disfrutando de la experiencia de compartir. La diferencia está en lo que crees que debe suceder tras cada movimiento, o a quién le asignas la obligación de hacerte sentir bien.

Si tú no esperas que tu esposo saque la basura los sábados, y mucho menos crees que esta sea solo una obligación de él, ¿cómo te sentirías cuando un sábado saque la basura? Y lo mismo a la inversa, ¿cómo actuarías si no fuera tu obligación hacer determinadas cosas dentro de la relación?, ¿no te sentirías con mayor libertad y disposición para colaborar? Pero este ejemplo se puede estar quedando corto, hablemos de algunos otros propósitos disfuncionales que he escuchado.

"Ya no me hace feliz"

Una clienta un día me dijo: "Al inicio de la relación, él se esforzaba por hacer cosas que me agradaban, me acompañaba a todas partes, me enviaba regalos y se arreglaba bien antes de vernos, pero parece que todo eso ya no le importa. Ahora propone que veamos películas de acción, a pesar de que sabe que yo prefiero las de romance. Ya no quiere acompañarme a mis reuniones familiares, y dejó de usar la loción que sabe que me gusta… Creo que ya no le importa mi felicidad, se volvió egoísta, ahora solo piensa en él".

Cuando escucho historias similares a la anterior, solo puedo pensar en una metáfora llamada "El espejo". ¿Cómo podrías darte cuenta de que estás manchado de la cara? Opción uno: te lo dice alguien más (y tú lo aceptas como verdadero). Opción dos: te ves en el espejo. ¿Recuerdas que te mencioné que las relaciones nos muestran mucho de nosotros mismos?, ¿qué logras ver por aquí? ¿Acaso no te suena egoísta esperar que tu pareja se amolde a tus gustos y haga todo lo necesario para que seas feliz? Yo creo que sí, e intento decirlo sin el afán de emitir un juicio, sino más bien intentando hacer ver que muchas de las veces caemos en el error de juzgar a nuestra pareja por las acciones que nos corresponden a nosotros mismos. Y aunque este tema lo abordaré más adelante, quiero de nuevo invitarte a observarte y tratar de descifrar para qué crees que es una relación de pareja.

¿Qué relevancia tiene el propósito que le des a la relación? Si le dejas a tu relación la tarea de "Ser feliz", "No sentir soledad", "Cubrir todas tus necesidades", "Sentirte bien contigo mismo", "Estar juntos para siempre", etc., te adelanto que es muy probable que falle, y no por falta de amor, por falta de compromiso o por falta de interés, es simplemente que ninguna de esas es su función. Recuerda: el martillo no es para comer sopa.

El amor se ejerce en libertad, no es posible que se dé uno sin el otro. Si el propósito de tu relación está orientado a que tu pareja se haga cargo de ti, tú mismo estarás cortando el suministro de libertad para ambos. Muchas veces nos cuesta recibir este punto, principalmente porque nuestra cultura nos ha llenado la cabeza con la idea de que tanto el bienestar como la desgracia están fuera de nosotros. Sin embargo, el conservar esta idea nos puede crear una mayor sensación de decepción.

También, para poder incorporar más fácilmente este concepto, podemos voltear la pregunta: ¿para qué te serviría la relación si tú ya tienes lo que esperas encontrar en ella? Piénsalo, si ya fueras feliz, ¿seguirías necesitando tu relación? Si no te sintieras solo, ¿cuál sería la nueva función de la relación?

¿Te das cuenta de que muchas veces el propósito que le asignamos a una relación es egoísta?, incluso hasta puede tener un toque infantil. Es como si detrás de todo se escondiera una creencia que dice: "Yo no puedo hacerme cargo de mí, así que hazlo tú". Pero esto equivale a decir: "Tengo mucha hambre, por favor, come tú para que se me quite". Suena un poco ilógico, ¿no crees?

¿Y de dónde viene todo esto? Es muy sencillo de responder: de nuestro ego. Seguramente has escuchado un poco acerca de esta estructura mental, ¿cierto?, se le menciona en diferentes filosofías y se aborda de diferente manera; pero para fines prácticos, me gustaría contarte una pequeña historia, y que así tengamos claro de qué estamos hablando.

Cuando un niño nace, llega a la Tierra con su alma llena de amor y pureza para toda su existencia. Pero algo que suele pasar al llegar a este mundo es que olvidamos por completo que tenemos este suministro, y que además es inagotable. Así que nos empieza a llenar la sensación de miedo, miedo a no ser aceptado, miedo a no ser amado, y empezamos a crear un personaje basado en este miedo. Este personaje, al que llamaremos ego, comienza a alimentarse de ese miedo, y crece. Físicamente, el niño poco a poco se irá convirtiendo en adulto, pero dentro de él habitarán siempre el niño y el ego. ¿Cuál de los dos crecerá más? Si se vive desde el amor, el niño interior crece; si se vive desde el miedo, ganará el ego.

Desde pequeños se nos instruye a poner toda la atención en cómo debemos de comportarnos para poder tener la dosis de amor y aceptación externa.

Y quizá, solo quizá, durante una breve temporada esta ayuda podría ser útil, sería como usar muletas temporalmente. Podría funcionar como medio de adaptación, pero este personaje que creamos, lejos de irse retirando, se va volviendo más fuerte y permanente. Y, como hemos de recordar, nació del miedo, y siendo esa su esencia, la ve proyectada en todo lo que implica la vida. Irónicamente, nos intenta proteger desde su propia imagen de separación y vulnerabilidad. En pocas palabras, esta se vuelve su misión, así que ante cada experiencia busca la posibilidad de que puedas volver a experimentar ese miedo para poder seguir creciendo. Su existencia depende de que sigas viviendo desde el miedo, en vez de hacerlo desde el amor.

El ego es tu falso yo, es la estructura mental que te susurra: "Quizá no eres suficiente", "Aún no te lo mereces", "Es mucho para ti", "Te puede lastimar", "Necesitas esforzarte más", "Te falta otro título adicional", "Te verán la cara"… Entre muchas frases más que escuchamos dentro de nuestro diálogo interno y que nos llevan totalmente a la desconexión, tanto de nosotros mismos como de los demás.

Me viene a la mente el caso de Isabel, una mujer sumamente agradable y divertida que llegó a consulta, como la mayoría de mis clientes, preocupada por una posible separación. Su relación de pareja había sido muy favorable, pero recientemente pasaba por una "temporada baja". Todo empezó cuando ella notó en sus redes sociales que una de sus amigas, que seguía soltera (como Isabel en ese entonces), se había comprometido. Su novio la había llevado a París y le había dado un hermoso anillo de compromiso frente a la Torre Eiffel. Aparentemente, a Isabel la noticia le causaba una gran felicidad. Además, sería dama de honor en la boda, ¿qué más podía pedir que acompañar de cerca a su querida amiga?

Un poco más en el interior de Isabel, estaba sucediendo una revolución. La empezaron a bombardear ideas sobre que quizá había estado perdiendo el tiempo con su actual novio, pensó que él tal vez nunca le propondría matrimonio, y aunque así fuera, era muy poco probable superar esa foto perfecta del Instagram de su amiga. ¿Qué podía esperar ella? Pensaba: "Mi novio no es tan creativo. Ahora soy la única soltera y, para colmo, él quizá ni está pensando en casarse".

De pronto parecía que Isabel tenía claridad en su objetivo: "Tengo que terminar con él, cuanto antes mejor, y necesito que me ayudes a que no sea doloroso". Yo la observaba un tanto curiosa, ya que la imagen que me daba era la de una mujer hablando de suicidio mientras añoraba vivir, ¡una incongruencia total! Así que le pregunté de sus miedos más profundos:

—Más allá de si él es la persona correcta para casarte, y de si eso es posible o no para ustedes, ¿qué te atemoriza?

Ella respondió:

—Siento vergüenza, soy la única a la que aún no le piden matrimonio. ¿Tan mal estoy?

—¿Y si él te pidiera que se casaran, ¿qué pasaría por tu mente?

—¡Ah, no! Ya no estoy dispuesta. No quiero que piensen que se casó por lástima conmigo. Además, yo no aceptaré así nada más un anillo...

Tuvimos algunas charlas para profundizar aún más, y en estas todo giraba hacia la idea de no ser suficientemente valiosa y del miedo enorme de que los demás lo notaran. Definitivamente, se trataba del ego.

Lo que se nos escapa de la vista es que, cuando actuamos desde el ego, podemos creer que estamos protegiéndonos, cuidándonos, pero en realidad la mayoría de las veces solo estamos aumentando más el miedo, y la realidad es que solo tenemos dos opciones: vivir desde el amor o desde el miedo.

Cuando conocí a Isabel, ella estaba dispuesta a sacrificar su relación por la reacción en cadena que desató la imagen de una propuesta de matrimonio, de una relación que ni siquiera podemos saber qué tan real era. Una fotografía, un viaje, una propuesta fenomenal no son garantía de amor ni de estabilidad, eso es solo la fachada. En ocasiones, la necesidad de demostrar nuestra valía nos deja en una posición dolorosa.

Un amor real no nos exige cumplir expectativas, es nuestro ego quien las necesita. El amor se sabe completo y el ego se percibe incompleto, frágil, es por eso que cualquier "golpe social" lo puede descalabrar. Pero cuando nos ponemos a reflexionar, podremos llegar a la conclusión de que en realidad no necesitamos demostrarle nada a nadie; ya somos seres completos y merecedores de amor. ¿No te llena de paz recordarlo?

El verdadero propósito del amor es justo ese, mostrarnos cómo debemos amarnos a nosotros mismos. Es un curso intensivo sobre cómo tener una buena relación contigo mismo, y si decides verlo así, alcanzarás a ver a un maestro detrás de cada relación. Y esto es en total libertad. Es importante aclarar que, no porque una relación te esté mostrando con las acciones del otro que requieres amarte más, estás obligada a quedarte. Definitivamente no. Puedes tomar el aprendizaje, tu maleta, y decidir partir, pero lo haces en un nivel más consciente, no desde el rencor o el sentimiento de fracaso, sino con un agradecimiento profundo porque la relación cumplió con su misión: te mostró un poco más de ti.

El autoconocimiento en las relaciones

Una regla básica para tomar una decisión podría ser de inicio saber qué es lo que queremos, sin embargo, no estamos conscientes de qué es lo que buscamos a lo largo de nuestra vida. Puede ser que tu mente lógica te diga que deseas tener un trabajo estable que te reporte ganancias y prestaciones, también una familia armoniosa y una relación de pareja profundamente satisfactoria, pero esto no siempre se consigue, ¿cierto? Y no se debe a que estés actuando incorrectamente, a que no lo merezcas, a que los demás sean malas personas o a que sea cuestión de karma. De hecho, puedes actuar de forma benevolente la mayor parte del tiempo y aun así alejarte todavía más de tu objetivo. ¿A qué se debe esto? Principalmente, a que no elegimos con nuestra mente consciente, sino que elegimos con nuestra parte más profunda y oculta, es decir, con la mente inconsciente.

¿Recuerdas cuando te mencioné un poco acerca de las creencias limitantes que se graban en nuestra mente por medio de nuestros padres, maestros, familia, amigos y otros componentes del entorno durante la infancia?, pues a esto me refería. Sin darnos cuenta, vamos grabando cómo "debemos" elegir a una pareja, cómo comportarnos en una relación, cuánto amor merecemos, entre otras cosas. Y como esta información se mantiene generalmente sin cambios, se va repitiendo constantemente en forma de patrón. La única manera de cambiar una creencia limitante es reconociéndola en ti, y aceptarla para poder transformarla después.

De manera metafórica, a la mente consciente e inconsciente se les representa con un iceberg, donde la parte visible, la más pequeña, representa el consciente, que se estima que solo abarca un 5% de nuestras elecciones. El otro 95%, que está formado por el inconsciente, permanece oculto, no visible; en esta parte es en donde se alberga la mayor cantidad de información y, por lo tanto, de las elecciones. En la siguiente imagen lo podrás apreciar.

5% MENTE CONSCIENTE

95% MENTE INCONSCIENTE
Lealtades familiares   Hábitos
Mandatos   Paradigmas
Miedos   Heridas de la infancia
Sueños   Creencias
Valores   Necesidades

Como te decía, el autoconocimiento no es saber tu color favorito o si prefieres algunas frutas o verduras, ¡no! Se trata de conocerte con mayor profundidad, de saber cuáles son las emociones más frecuentes en ti, identificar tus patrones de pensamiento, reconocer las heridas que aún no has decidido sanar, conocer tu historia y la de tus ancestros, o al menos la de tus padres; conocer tus miedos, tus anhelos, tus puntos débiles, tus fortalezas, los aspectos desconocidos o no aceptados en ti (la sombra); conocer tus creencias más profundas para transformarlas si es necesario.

Puedes iniciar hoy mismo el proceso de autoconocimiento. Para iniciarlo solo requieres observar tus resultados actuales, sin juicios, sin culpa, solo observar el tipo de relación que has estado manteniendo. Ahí se están reflejando tus creencias sobre el amor, el afecto, el matrimonio, o bien, del sexo opuesto. ¿Puedes permitirte verlo?

Si respondes con un sí honesto, desde tu alma, te garantizo que el tiempo que le dediques a esta lectura no será en vano, será el inicio de un proceso de descubrirte a ti mismo, pero ahora desde el amor.

La sombra es un concepto desarrollado ya hace mucho tiempo por el psicólogo Carl Jung, y se refiere a las partes de nuestra psique que están ocultas o reprimidas, aquellas facetas que preferimos no mostrar, o incluso negar, porque no encajan con la imagen que tenemos de nosotros mismos o con las expectativas sociales.

La sombra se forma a lo largo de nuestra vida, especialmente en la infancia, cuando aprendemos cuáles actitudes o comportamientos no son aprobados por la sociedad, la familia o la cultura. Estos aspectos se reprimen y se alojan en el inconsciente. Contiene pensamientos, emociones, deseos e impulsos que consideramos inaceptables o inapropiados, como la ira, el miedo, los celos; incluso aspectos positivos como la ambición o el deseo de poder.

Conocer nuestra sombra es crucial porque representa las partes de nosotros mismos que no reconocemos o que rechazamos, pero que influyen profundamente en nuestra vida. Nos permite entender nuestras verdaderas motivaciones, miedos y heridas. Este proceso de autoexploración nos da una visión más completa de quiénes somos, y no solo de nuestras virtudes, sino también de nuestras limitaciones.

Toda la información que se ha ido almacenando en nuestra sombra a menudo se proyecta en los demás. Esto puede llevarnos a juzgar o a tener conflictos con personas que nos reflejan lo que no aceptamos de nosotros mismos. Al trabajar con nuestra sombra, podemos ser más compasivos y entender mejor a los demás.

Conocernos también implica voltear a observar nuestra historia y no quedarnos con lo que creemos ser en el presente. Es muy común pensar que el pasado quedó atrás y que bastará con el simple deseo de construir un futuro distinto, pero tomar la decisión es solo el inicio. Para que sucedan cosas diferentes tenemos que hacer cosas diferentes, y eso incluye pensar y sentir diferente. ¿Pero cómo lograrlo si aún tenemos heridas de nuestra infancia sin sanar?, ¿cómo avanzar si en nuestra historia familiar hay ancestros que no lo lograron o que tuvieron destinos complicados, y nosotros inconscientemente nos sentimos impulsados a repetir sus historias? Requerimos de mucha observación y toma de consciencia, eso es lo que nos puede llevar a detectar patrones disfuncionales en nuestras relaciones, empezando con la relación que tenemos con nosotros mismos.

Suelo decir a mis clientes que pueden considerar un patrón a aquellas experiencias que se repiten tres veces. Una vez que las detectes, comienza a hacer retrospectiva:

- ¿Qué es lo que suele repetirse en tus relaciones de pareja?
- ¿Cómo sueles sentirte más frecuentemente cuando estás en pareja?
- ¿Cómo sueles reaccionar ante la soledad?
- ¿Qué es lo que más te provoca enojo?

- ¿Cómo sueles reaccionar ante el estrés?
- Si pudieras cambiar algo de tu infancia, ¿qué sería?
- ¿Qué necesidad afectiva quedó inconclusa en tu niñez y, hoy en día, a menudo le exiges a tu pareja que cubra?
- ¿Qué aspectos te molestan en otros, pero podrían estar reflejando tu sombra?

Puedes iniciar el proceso de autoconocimiento con estas preguntas, pero también incluye el hábito de cuestionarte el para qué de lo que quieres. Justo en esta práctica encontrarás migajas que te irán mostrando la ruta. Seguramente en el camino descubrirás cosas de ti que ignorabas totalmente, y cada paso que des te conducirá a una nueva posibilidad.

Todos estamos formados por aspectos luminosos y obscuros. En otras palabras, nadie es totalmente malo, ni totalmente bueno, es parte de nuestra condición humana ser imperfectos. Cuando te invito a conocerte más es por partes iguales. He notado que quienes son capaces de observar y aceptar su sombra son más auténticos y felices, esto se debe a que la integración de todas las partes nos hace percibirnos completos, y es en ese punto que podemos decir que realmente nos amamos. Es fácil amar lo que consideramos positivo, amarte cuando recibes un ascenso o cuando te sientes atractivo, pero el verdadero reto es ser capaz de amarte cuando reconoces que estás cayendo en lo que se puede etiquetar socialmente como malo o como un error.

Cuando me ha tocado abordar el tema de la historia transgeneracional de algún cliente, y llegamos a mencionar que en todas las familias existe el yin y el yang activamente, es decir, que hay víctimas y victimarios, algunas veces suelen poner una actitud defensiva, y argumentan cosas como: "No, que yo esté enterado, mi familia ha sido honrada", "Nosotros no, nosotros somos buenas personas", etc. Justo ahí veo nuestra necesidad de plantearnos ideas falsas de nosotros mismos y de nuestra historia, para ser más "aceptables". ¿A los ojos de quién?, principalmente de los propios. Si te das cuenta, es justo de lo que hablamos; es más fácil querer, amar, aceptar una historia de "buenas personas" que la historia de un estafador, un violador o una asesina, pero ahí está el reto para nuestra alma: ser capaz de ver, de abrazar y de amar la historia completa, nuestro ser con todas sus facetas, sin juicios. Si no podemos concedernos el derecho de ser amados incondicionalmente por nosotros mismos, ¿qué le dejamos a nuestra pareja? ¿Cuántas veces no les hemos exigido a los otros que se esfuercen, que sean alguien más para ser dignos de nuestro amor? Este acto solo evidencia nuestra propia falta de amor.

Perdemos mucho tiempo persiguiendo el ideal de "ser buenos", cuando esa es solo una ilusión. Podemos cultivar valores hermosos e intentar hacer el bien con todo el corazón, y eso es maravilloso; pero es importante, a la par, renunciar a la posibilidad de la perfección para ser amado. Tu principal tarea es amarte aquí y ahora con las condiciones actuales.

Cuando comenzamos la tarea de descubrir nuestra sombra, vamos conociendo nuevos aspectos de nosotros mismos que hemos juzgado en otros. Esto es liberador para la relación de pareja. Llega un punto en el cual podemos ser capaces de observar que le exigimos a nuestra pareja que resuelva lo que nosotros no tenemos resuelto. También puedes, por ejemplo, llegar a exigir a tus hijos que tengan la asertividad que tú mismo no has desarrollado. Se requiere de valentía y una gran honestidad para llegar a este nivel, pero viene acompañado de una mirada más pacífica en la forma de relacionarnos con los demás.

Sé que no es fácil estar consciente todo el tiempo, pero la realidad es que no lo requieres; de hecho, puedes renunciar a la idea de esforzarte por alcanzarlo. Lo que sí necesitas es la autoobservación, ver cómo es tu propia forma de relacionarte, estar atento a identificar las emociones que se van despertando al momento de interactuar con los demás, y darte la oportunidad de disminuir la velocidad de reacción.

El caso de Karina me conmovió mucho. Ella estaba convencida de que deseaba quedarse en su matrimonio, y tanto su esposo como ella estaban empezando a asistir a terapia, por separado, con la idea de poder aportar más a la relación. En las primeras sesiones, notaba cierto aire de superioridad por parte de Karina, con relación a su esposo. Ella me decía frecuentemente que sentía lástima por la terapeuta de su esposo, ya que él no era tan reflexivo y profundo como ella, y aseguraba que la mayoría de las diferencias que tenían eran causadas por la falta de compromiso y empatía de él. "Tiene tanto que trabajar...", solía decir. Con el paso de algunas sesiones, abordamos más profundamente la relación de Karina con su padre. Él era un hombre bastante mayor, se había divorciado de su primera esposa y se había casado por segunda vez con la madre de Karina. Ella no tuvo una relación cercana con sus medios hermanos, debido a que eran prácticamente adultos cuando ella nació. Pero lo más doloroso fue que su padre, al enfrentar dificultades económicas, tomó la decisión de trabajar fuera del país. Ellos solían tener una relación muy cercana, pero él había perdido su trabajo y, por su edad, era complicado que lo contrataran en otra empresa, así que comenzó a probar suerte en el país vecino. En cuanto al tema económico, nunca les faltó nada, pero en el tema afectivo le faltó todo. Su padre era un hombre cariñoso, pero para Karina no bastaban las llamadas ocasionales. Ella le pedía tanto que regresara, que su padre terminaba prometiendo que en una fecha cercana llegaría a casa e irían de paseo. Con el paso de los años Karina perdió la confianza, sus padres se habían distanciado también, y su relación familiar había sido reducida a una simple manutención confiable. En esa sesión habíamos logrado que Karina se abriera tanto, que dejó a un lado la historia de justificación que se contaba de su padre: "Tuve una buena niñez, mi papá siempre ha sido responsable, el hizo siempre todo por su familia".

En aquella sesión profunda, la invité a expresar, sin limitaciones y sin juicios, qué le había hecho falta en su historia, y sin pensarlo, solo empezó a expresar: "Mi papá tenía que estar en casa... Él no debía mentirme para tranquilizarme. Me quedé esperando tantas veces para ir de paseo con él, que hubiera preferido la verdad. Un buen padre no da prioridad al trabajo, el dinero no lo es todo. Él debía quedarse conmigo, yo lo que necesitaba era estar con mi papá".

Poder conectar con esta parte de su historia, que había sido bloqueada como estrategia mental para evitar el dolor, había abierto una puerta a esa información que revelaba lo que había detrás de su dinámica de pareja. El ver y reconocer estas heridas abiertas le permitía a Karina dejar de culpar a su esposo de su propia necesidad de ser protegida. Ella dejó de llamarle "antipático", "insensible" y "materialista". Descubrió que su inseguridad en el vínculo había iniciado antes de conocer a su esposo. Darse cuenta de que lo que tanto juzgaba en su pareja eran características que habían sido reprimidas en ella, junto con los rastros de las heridas generadas en la infancia, fue una bomba; pero, sobre todo, el gran cambio se dio cuando ella comenzó a hacerse responsable de sus propias carencias.

Aún recuerdo nuestra sesión de cierre, Karina se reía al recordar que solía decir que el único problema en su matrimonio era que su esposo no conocía la empatía y no era tan "consciente" como ella.

El autoconocimiento es la base que nos permite tener mayor consciencia sobre nuestra forma de relacionarnos. De este punto parte la capacidad de no solo detectar un patrón o una herida emocional activa, sino que nos lleva al siguiente nivel, que sería hacernos cargo, responsabilizarnos de nuestra propia historia.

Algunas preguntas que suelo hacer en sesión, que resultan ser reveladoras para la pareja, son: ante el dolor, ¿prefieres cercanía o distancia de tu pareja?, ¿y ante la tristeza y enojo? Este suele ser un punto que no hemos observado en nosotros mismos, pero por lo general escucho decir un

"¡Lo sabía!". Porque, aunque no nos hemos dado el tiempo de poner el foco en cómo solemos reaccionar nosotros, muchas veces sí tenemos identificadas las reacciones de nuestra pareja ante ciertos picos emocionales.

Como lo he mencionado en otros momentos, cuando estamos dispuestos a recibir, la relación de pareja es un campo enorme de oportunidad de crecimiento.

Heridas de infancia

Como te he mencionado en el capítulo anterior, parte de conocernos a nosotros mismos es identificar las heridas de infancia que llevamos cargando. Sé que muchos dirán: "Pero si yo tuve una infancia muy feliz", "Yo no podría culpar a mis padres por lo que hoy vivo", "Mis padres fueron buenos, me dieron lo que podían". Y sí, claro que tienes razón, no tendríamos por qué culpar a nuestros padres de nuestros asuntos de adultos, sin embargo, por más que tu padre o madre se esforzaran, es muy posible que se quedara grabada alguna herida de infancia en ti. Esto no significa que ellos no hayan realizado un buen trabajo, en la mayoría de los casos efectivamente hicieron lo mejor que podían hacer, pero de pequeños es muy común que realicemos interpretaciones erróneas de las conductas de nuestros padres. De niños no tenemos la madurez intelectual, ni emocional, para elaborar una conclusión apropiada de los sucesos que vivimos, y podemos quedarnos con emociones grabadas de forma muy profunda, anhelos inconclusos de ser vistos o protegidos.

Debes saber que estas heridas se crean debido a una necesidad emocional no atendida por uno de los padres (de la manera en que nosotros consideramos correcta en ese momento). Incluso, estos pueden ser actos simbólicos, te mencionaré algunos ejemplos:

- Quizá tu mamá se vio en la necesidad de trabajar para solventar los gastos de la familia, y cada vez que intentabas acercarte a jugar, te decía: "Ahora no puedo, estoy cansada" o "Debo ir a trabajar". Y tú, siendo un pequeño, lo interpretaste como desinterés en ti, creando la herida de abandono o de rechazo que hoy en día ves reflejada en tu necesidad de ser visto o a través del miedo a estar solo.
- Puede ser que papá siempre te prometía que llegaría a tiempo para verte jugar con tu equipo o llevarte a algún sitio, pero nunca llegaba, creando una herida de traición, la cual actualmente se traduce en desconfianza en las personas.

- Quizá uno de los dos padres tenía la costumbre de contar anécdotas penosas sobre ti frente a la familia y amigos, y eso te hacía sentir avergonzado. De esta forma, se creó una herida de humillación, y actualmente sufres de sobrepeso y eres el primero en hacer chistes sobre tu persona.
- Tal vez alguno de tus padres era frío o rígido, e imponía una educación muy autoritaria, generando la sensación de desconexión o de miedo en ti. Así se te grabó una herida de injusticia tan fuerte, que hoy eres una persona que se autoexige en todas las áreas de la vida.

Cada una de las siguientes cinco heridas tiene una edad en la cual es más propensa a generarse, las cuales van desde la concepción hasta los ocho años de edad. A su vez, cada una de estas heridas tiene una máscara que usamos, ya siendo adultos, para intentar manejarla, las cuales veremos a continuación.

Rechazo
Ante la herida del rechazo, se va construyendo un adulto huidizo. Le teme tanto a ser expuesto o

rechazado nuevamente, que huye de las interacciones con los demás. Antes de que lo descarten, él mismo lo hace.

Abandono
El abandono es una herida muy dolorosa que provoca dependencia en las relaciones. Con esta experiencia en la primera infancia se crea a un adulto dependiente, con muy poca percepción del valor propio. Es capaz de tolerar lo que sea necesario para evitar experimentar nuevamente el abandono.

Humillación
Esta herida suele generar sobrepeso. Cuando está presente, podrás ver a un adulto masoquista que, antes de que se burlen de él, él mismo lo hará. Así que, al estar con él, escucharás burlas constantes sobre sí mismo y su cuerpo.

Traición
La traición es una herida generalmente causada por el progenitor del sexo opuesto, por esta razón se puede percibir muy frecuentemente en algunas relaciones de pareja. Esta herida da como

resultado a un adulto controlador, temeroso de que le fallen y de que lo traicionen. Suelen ser muy celosos.

Injusticia

Se presenta al tener padres fríos o exigentes. Cuando un niño recibe el mensaje de que tiene que madurar rápidamente, o incluso hacerse cargo de alguien más, tendremos como consecuencia a un adulto rígido. Su máscara será la rigidez, y se comportará de forma autoexigente e inflexible.

Todos tenemos, en mayor o menor medida, grabadas las cinco heridas. Estas se van presentando en nuestra vida diaria, invitándonos a sanarlas. Cuando les prestamos la atención debida, aprendemos muchísimo de nosotros y logramos desactivar la herida. Con esto mejora nuestra autoestima y, como consecuencia, también mejora nuestra relación con todo en la vida.

Para explicarlo mejor, te presentaré a continuación una tabla con información resumida que te muestra a qué edad se crea la herida y cuál puede ser la máscara del adulto. Esta tabla está basada en los libros de Lise Bourbeau sobre las heridas del alma:

HERIDAS DEL ALMA

HERIDA	EDAD	MÁSCARA	MIEDO	PROGENITOR
Rechazo	0-1	Huidizo	Pánico	Mismo sexo
Abandono	1-2	Dependiente	Soledad	Sexo opuesto
Humillación	2-3	Masoquista	Libertad	Ambos cuidadores
Traición	3-4	Controlador	Disociación, separación, negación	Sexo opuesto
Injusticia	4-5	Rígido	Frialdad	Mismo sexo

Cuando somos conscientes de que estas heridas se encuentran grabadas en nosotros, podemos darle un mayor sentido a nuestros conflictos de pareja. Por ejemplo, si reconoces en ti la herida del abandono, sabrás que este es un factor importante por el cual te esfuerzas por complacer a tu pareja e intentas convencerle todo el tiempo de que permanezca a tu lado, por el miedo que te causa la separación. O bien, si reconocieras la herida de la traición, entenderías que tu desconfianza en tu pareja y la necesidad de controlar cuánto gana, qué hace o qué decide es porque tienes un miedo profundo a que no cumpla un acuerdo, o que traicione la confianza. Esta herida se va a activar en ti cada vez que una persona no cumpla con un acuerdo o con una promesa, por más insignificante que sea. ¿Esto es responsabilidad de tu pareja?, ¡definitivamente, no! Esto no justifica las acciones inadecuadas de otros, pero cada uno de los integrantes de la relación tiene su propia tarea por hacer.

Según la herida que esté activa, serás más vulnerable a ciertas situaciones o palabras. Lo que puedes elegir es ser más consciente al relacionarte con tu pareja, y notar los disparadores de miedo que te recuerdan esa herida pendiente por sanar.

Quizá no te has dado cuenta aún, pero es muy común que una persona le exija a su pareja que atienda y resuelva la necesidad emocional que no pudo resolver en la infancia. En alguna ocasión, me tocó escuchar durante una sesión de pareja que la esposa, en un grito de desesperación, le dijo a su esposo: "¿Por qué lo complicas tanto? Solo quiero ser tu prioridad, que solo me veas a mí, que cuides que no me falte nada". Así como este caso, he visto a muchas parejas exigirse mutuamente que sea el otro quien les limpie y sane sus heridas.

Este es un tema tan amplio, por su impacto e importancia dentro de nuestras relaciones, que nos daría para otro libro, pero, por ahora, me puedo quedar satisfecha si al menos puedo dejar en ti la duda de qué herida tienes pendiente por sanar, y cómo esta puede estar afectando en tus relaciones.

Para ayudarte a reflexionar más profundamente sobre este tema, he grabado algunas meditaciones que te llevarán a conectar con tu niño interior y a sanar las heridas de infancia, y puedes encontrarlas en mi canal de *YouTube* "Amor y Consciencia con Ale Rodríguez".

Ejercicio

Te invito a hacer un breve pero muy revelador ejercicio. Para ello, vas a necesitar una hoja en blanco y una pluma. Sigue las instrucciones que describo a continuación:
- Dobla la hoja en dos partes iguales de forma vertical, teniendo como resultado dos columnas.

- Pondrás en la primera columna todo aquello que te hubiera gustado que tus padres hicieran diferente, todo lo que te gustaría cambiar en ellos, y lo que creas que te quedaste esperando que pasara.
- Guarda tu hoja y deja pasar un tiempo, un día sería lo ideal.
- Retoma el ejercicio. En la segunda columna escribe todo aquello que te gustaría que tu pareja hiciera diferente, todo aquello que sueles reprochar o incluso exigirle.
- Compara ambas columnas.

No te sorprendas cuando descubras que las dos columnas tienen mucho en común. Es muy frecuente que en nuestra pareja veamos inconscientemente la segunda oportunidad de reparar lo que quedó inconcluso con nuestros padres. Incluso, si actualmente no tienes pareja, permítete escribir tus anhelos y expectativas, descubrirás que las dos columnas se entrelazan de igual manera.

Es increíble toda la luz que puede arrojar este tema sobre la relación de pareja. Ambos integrantes de una relación vienen de familias diferentes, cada uno con una historia individual única. Lo que para uno puede ser una necesidad básica, para el otro puede ser algo irrelevante. Esto lo vemos continuamente en una interacción con desconexión, en donde cada uno cree que lo que está sintiendo es realmente doloroso e importante, y que lo que el otro experimenta es una exageración, que no es para tanto. ¿Acaso no es esta una mirada infantil del conflicto? Pero lo que se esconde detrás es una gran necesidad de amor, de ser visto. ¿Cómo podríamos ser capaces de ver las heridas de nuestro compañero cuando hemos estado escapando de las nuestras?

Cuando tenemos heridas de infancia activas es como si una parte de nosotros se hubiera quedado atrapada en el tiempo. Es por eso que cuando sentimos nuevamente el dolor de ser abandonado, rechazado o traicionado, automáticamente dejamos de ser razonables. La razón le pertenece a tu yo adulto, pero la emoción es campo del niño interior. Cuando este último toma el mando, solemos ser muy egoístas; creemos que solo nuestro dolor es real e importante, y claro que debería de serlo, pero no solo para tu pareja, sino principalmente para ti mismo. Al final, la sanación depende exclusivamente de ti. Tú eres quien conoce la historia, tú eres quien ha sentido el dolor, tú eres quién sabe qué carencias afectivas se quedaron esperando ser vistas; solo tú sabes los anhelos de tu corazón. ¿Qué adulto podría estar mejor calificado que tú mismo para hacerse cargo de ese niño interior?

Hacerse cargo implica validar la experiencia emocional, permitirte sentir sin reprimir ninguna emoción y, tal cual como lo harías con un niño pequeño que siente temor en la obscuridad, acompañarte y recordarte a ti mismo que ya no eres aquella criatura indefensa que requería que otros adultos se hicieran cargo de ella. Ahora, tú te has convertido en ese adulto capaz de cuidar y proteger a tu yo actual.

Sanar tus heridas emocionales no tiene que ser un laberinto sin salida. De hecho, más que complicado, es un hecho natural. ¿Acaso no es hasta instintivo proteger a un ser indefenso?

Cuando llegaste al mundo, iniciaste lleno de pureza. Nadie te enseñó cómo ser humano, sino que fuiste captando información de tu entorno, así que cometiste errores. No sabías cómo actuar en los momentos difíciles, cómo gestionar emociones, ni cómo tomar decisiones favorables para tu vida. Lo hiciste lo mejor que pudiste, con los recursos que ibas obteniendo. ¿Cómo no vas a amar a esa criatura tan llena de inocencia y de amor? ¿Cómo no reconocer tu valentía, tu fuerza? ¿Cómo no querer lo mejor para un ser así? Cuando comienzas a observarlo desde este punto de vista, no se ve tan lejos la sanación, porque reconoces que esta es amar, sin juicios, esta versión de ti mismo. ¿No es maravilloso llegar a la conclusión de que tú eres quien puede darte todo aquello que quedó pendiente?

Hace un tiempo me tocó recibir en consulta a Ana. Ella se sentía frustrada porque, aunque había alcanzado muchas de sus metas, no se sentía satisfecha. Sentía que no era suficiente para su pareja, así que se exigía despertar todos los días a las cuatro treinta de la mañana para ir al gimnasio, comer estrictamente saludable y ser muy eficiente en su trabajo; vivía en constante estrés. Cuando le pregunté de qué manera su pareja le comunicaba que no era suficiente, ella me comentó que la mayoría de las veces no lo había hecho de forma explícita, sino que casi siempre había sido a través de su comportamiento:

—Él es un hombre frío y muy calculador en todo lo que hace. Aunque es una buena persona, responsable y respetuoso, pocas veces ha tenido atenciones conmigo.

—¿Qué tipo de atenciones te gustaría recibir? —le pregunté.

—Me encantaría que me llevara de compras. Él sabe que guardo casi todo mi dinero. También me encantaría que me invitara al parque de Disney, siempre ha sido mi sueño ir.

Tenía entendido que estaba en una posición muy favorable económicamente, así que le pregunté:

—¿Por qué no decides ir tú misma de compras? ¿Por qué no has visitado el parque Disney?

—Bueno, no lo sé... creo que no es correcto. Tal vez lo haga más adelante, ahora mismo no creo que me lo merezca, necesito esforzarme más.

—¿Me estás diciendo que para recibirlo de ti misma deberías esforzarte más, pero que él sí lo debería hacer por ti? ¿Quién crees que sea realmente más exigente?

—Bueno, es que si él me invitara a Disney o me llevara de compras, significaría que algo estoy haciendo bien. Aunque realmente me esfuerzo, no entiendo por qué él no logra verlo.

Ana, al igual que muchas otras personas, no se daba cuenta de que estaba esperando que su pareja se hiciera cargo de ver y sanar sus heridas.

Ella pensaba que si tan solo su pareja tomara ciertas acciones, se lograría sentir vista, y por fin sería suficiente. Pero la realidad es que, sin importar si iban a Disney o él la llevara a comprar en todas las tiendas del país, ella no iba a poder llenar ese vacío. La única persona con esa llave era ella misma.

Elegimos a la pareja desde nuestras heridas. Tenemos un radar que nos lleva a sentir atracción por la persona correcta para recordarnos qué cosas tenemos pendientes de sanar.

Poder ver a nuestro niño interior es darnos permiso para conectar con nuestro mundo emocional, con toda la vulnerabilidad que le acompaña, por eso nos cuesta. Nos gusta más la imagen de adultos "maduros e independientes" que creemos haber construido. Nuestro ego prefiere proyectarse fuerte que indefenso, pero eso es solo un escape, es una ilusión, es como llegar a tu casa y ver la cocina sucia y decir: "Me taparé los ojos para no ver". Aunque es cierto que ya no podrás ver lo sucio que está, en realidad sigue estando igual. Así que, lo más respetuoso que podemos hacer por nosotros mismos, es ver con amor y compasión esa parte de ti, amarla, cuidarla y convertirte en la figura protectora que necesitaste de niño. Ahora tú eres el adulto, y lo mejor de todo es que puedes elegir qué tipo de adulto necesitas ser para ti mismo.

Cuando no tomamos consciencia de que necesitamos sanar nuestra historia, lo siguiente es esperar a que nuestra pareja se haga cargo de ello. Este es un proceso tan inconsciente, que no solemos darnos cuenta cuando lo estamos exigiendo. Pero como lo he dicho antes, el esperar a que tu pareja sane tus heridas emocionales es como si tuvieras mucha hambre y le pidieras a tu pareja que coma mucho para que tú satisfagas tu apetito. Hay acciones que solo nosotros tenemos el poder de tomar, y cuando nos damos cuenta de esa maravillosa capacidad que tenemos, recuperamos nuestro poder y, con ello, nuestra libertad emocional.

Para trabajar este aspecto, existen tantos métodos como caminos a Roma. Hay desde cursos, retiros, libros, sesiones terapéuticas, etc. Toma el que te venga mejor. Lo importante es tomar la responsabilidad de comenzar a amarte y cuidarte.

"*El verdadero amor de pareja implica honrar a la familia de origen del otro, porque cada uno trae consigo su historia y su sistema familiar*".

Bert Hellinger

No eres tú, no soy yo

Es muy común que dentro de una relación de pareja tengamos la excusa perfecta para culpar al otro de cómo nos sentimos. Si nos llegamos a sentir solos, de seguro es porque la pareja no nos dedica tiempo; si sentimos celos, es porque él o ella usan redes sociales o han hecho cosas que nos hacen sentir desconfianza, etc. Es muy sencillo responsabilizar a otro de nuestros vacíos. ¿Esto cómo nos afecta? Mientras que tú no tomes responsabilidad de ti, de tus necesidades y de tus emociones, jamás serás feliz plenamente, ¡así de sencillo!

Ciertamente, desde pequeños a muchos nos han inculcado que todo lo que pasa en nuestra vida tiene que ver con alguien más. De muchas formas, te hiciste a la idea de que si no te estabas sintiendo bien, había algo allá afuera que debía de cambiar, algo que estaba mal en el otro. Y, claro, partiendo de esta premisa, vamos por la vida cambiando de pareja, de amigos y de trabajo sin encontrar una satisfacción verdadera. Esto puede producir una tremenda frustración, porque viviendo con la creencia de que alguien más debe reparar nuestra vida y lo que sentimos, nos negamos a nosotros mismos el encontrar soluciones y disfrutar de la vida, por preferir dejarle esa tarea a otra persona, impidiendo así que los momentos de alegría que tenemos sean duraderos. ¿Cuántas veces tú mismo habrás saboteado tus relaciones por medio de tus creencias inconscientes? Y lo más importante, ¿cuánto tiempo más quieres vivir dejando tu poder en manos de otra persona?

Imagina que tienes una lesión en el hombro que te causa mucho dolor, sin embargo, tú tratas de seguir haciendo tu vida de forma normal, y en vez de atenderte el malestar, lo ocultas. Una persona se acerca a ti y, con la mejor intención del mundo, te toca el hombro para demostrarte afecto, pero tú reaccionas rápidamente al dolor. ¿Será responsabilidad de esa persona el causarte dolor al tocarte?, ¿de quién era la tarea de sanar y cuidar ese hombro?

Ventajas de tomar la responsabilidad

Ahora hablemos de la contraparte. ¿Qué pasa cuando tomamos la batuta de nuestra historia y de nuestras emociones? Créeme cuando te digo que la vida cambia maravillosamente de un momento a otro. Te empoderas, te cargas de una fuerza increíble, porque tener la responsabilidad también te otorga poder. Tomas decisiones de manera más consciente y responsable, y te vuelves más selectivo con las personas con las que te relacionas íntimamente. No descartas a las personas desde la arrogancia, sino que comienzas a relacionarte con ellas sin la sensación de necesidad. Tienes una mayor seguridad y vas dejando el drama fuera de tus relaciones, porque entiendes que si hay un conflicto emocional o una necesidad qué abastecer, a quien le toca hacerlo es a ti. Liberas al otro de responsabilidades que nunca le correspondieron, y que incluso nunca tuvo la capacidad de cumplir. Al mismo tiempo, te relacionas de una manera más libre, sin sufrimiento, sin depositar cargas innecesarias en otras personas. En resumen, te comienzas a relacionar con amor verdadero.

Aunque nos cueste verlo, es importante saber que muchas de las cosas que nos molestan de la relación tienen más que ver con nosotros y con nuestra historia, que con nuestra pareja.

Solemos dar por hecho que lo que nos molesta es algo que, en general, a todos les podría causar la misma incomodidad. Por dar un ejemplo, hay personas que se molestan porque, desde su punto de vista, su pareja trabaja mucho; pero también hay personas que su molestia es porque su pareja trabaja poco. No hay una regla general sobre cómo comportarnos, ni de qué podemos molestarnos o de qué no. Pero reconocer que quizá no sea casualidad eso que me detona, ya da un poco más de margen de solución.

Tanto nuestra pareja como nosotros pasamos a ser un personaje que representa la historia personal, por eso es muy común que no te identifiques con la versión de ti que está viendo tu pareja; y pasa lo mismo con la versión que tú alcanzas a ver de tu compañero.

¿Qué implica tener una relación con tu pareja?, pocas veces nos detenemos a pensarlo con claridad. Cuando aceptamos tener una relación con una persona, realmente la estamos tomando con toda su historia. ¿Qué incluye esa historia? TODO.

Cada uno de nosotros lleva dentro de sí la historia de sus ancestros, sin importar si los conoció o no, si tiene una relación cercana o no, es algo que ya está precargado en nuestro ADN. Evolutivamente traemos información de eventos pasados para ahorrarnos ciertos aprendizajes, pero no solo eso, también llevamos en nosotros la necesidad inconsciente de repetir historias a manera de sanar aquello que quedó inconcluso en nuestro árbol familiar.

Lo más evidente es que solemos repetir la historia de pareja que vimos en nuestros padres. Pero la gran mayoría de las veces no solo repetimos la historia de ellos, sino también la de algunos ancestros más lejanos, lo cual le resta visibilidad a nuestra mente, que puede llegar a perder la noción de cómo nos sentimos con respecto a ciertas circunstancias. Es por ello que, el considerar que llevamos con nosotros la experiencia de otras personas pertenecientes a nuestra historia familiar, nos da un poco más de luz.

Y es así que nos vemos repitiendo separaciones, elección de amores imposibles, relaciones cargadas de caos o violencia, infidelidades, dificultades financieras o de salud, sin darnos cuenta de que esa no es nuestra historia, sino que la estamos repitiendo por lealtad a nuestra familia. Estos movimientos o elecciones que se realizan de forma totalmente inconsciente solo pueden desactivarse tomando consciencia de cuál es su función. La vida es muy sabia, tanto que, si estamos atentos, descubriremos que siempre encuentra la forma de llevarnos a ver los juicios que emitimos, y notaremos el exilio real o simbólico que estos provocan. Con esto quiero decir que cuando nosotros juzgamos o rechazamos una experiencia, tanto que preferimos dejarla lejos de nosotros, alguien en el árbol familiar queda excluido. Claro, nos encanta saber que en nuestra familia hubo personas que alcanzaron el éxito, los que fueron grandes padres, los inteligentes, los estudiosos, los felices, etc. Pero ¿en dónde dejamos a los traicionados, a los que no prosperaron, a los divorciados, a los dejados, a los viudos, a los infieles, etc.? Evitamos verlos, así como a todas las historias que representan dolor. Pero cuando no los vemos desde la mente (la casa de nuestro ego y juicios) los empezamos a ver desde el alma. Esto quiere decir que, cuando alguien en la familia no fue visto, no tiene lugar, y se vuelve un excluido. Y sin siquiera darnos cuenta, su historia será repetida por alguno de sus descendientes de forma inconsciente.

Alguna vez escuché el término "árboles espejo", y me pareció muy interesante. Concuerdo con la idea de que las parejas se atraen por la información que cada integrante tiene de sus sistemas. La química que se llega a experimentar es el resultado de la resonancia de los programas que buscan solución por medio del otro, y esto es un indicador de que la información de ambos se complementa. Por esto suelo decir que, desde una mirada del amor consciente, todas las relaciones son perfectas, sin importar su duración, porque así haya durado una noche o diez años, si pudiste recibir el mensaje que tenía para tu evolución, la relación cumplió con su propósito.

Dentro de las constelaciones familiares existen diferentes ejercicios que nos pueden ayudar a traer al plano consciente estas repeticiones invisibles, para elegir sanarlas. Durante los últimos años, esta se ha vuelto una de mis herramientas favoritas en terapia.

¿Te ha tocado que llegas a experimentar justamente aquello que tanto rechazabas? Por ejemplo, si tu papá fue alcohólico y te dijiste por años que tú nunca tolerarías esa situación en tu pareja, y por más que trataste de poner atención y cuidado, terminaste con una pareja con temas similares; esto es muy común. "A lo que resistes persiste", diría Jung. Bueno, en el árbol genealógico sucede algo similar, la familia suele excluir a algunas personas o situaciones, a veces por vergüenza, otras por dolor. Lo que tenemos que darnos cuenta es que con ello queda un miembro excluido, y cuando esto sucede es como si se hiciera un nudo que, más adelante, algún descendiente repetirá la historia para que, por medio de la reconciliación y visibilidad del excluido, se pueda avanzar a la solución del nudo.

En estos movimientos transgeneracionales no elegimos, pero todos participamos. Y, claro, habrá repeticiones que son muy favorables, pero cuando no lo son, cuando vemos que se repiten en varios miembros de la familia los divorcios, las infidelidades o conflictos económicos, de salud, etc., tenemos que voltear la mirada a nuestra historia para sanar y comprender por qué se está presentando la situación que se enfrenta. Esto muchas veces ayuda a dar un sentido más amplio a la relación de pareja, porque descubres que de alguna manera tu historia y la de tu pareja son complementarias, que se necesitaban para poder poner atención a algo. Entonces, no eres tú, no soy yo, son nuestros sistemas familiares.

Una realidad que pocas veces apreciamos es que no solo te estás casando con tu pareja, sino que también te unes con su sistema familiar. Y cuando llegan los hijos, los ancestros de tu pareja se vuelven los ancestros de tus hijos. ¿Casualidad?, no lo creo.

Sin duda alguna el viaje de la vida, en algún punto, nos ha de llevar a experimentar la vida en pareja. El construir relaciones sólidas nos lleva a ver beneficios en nuestra salud física y mental.

Somos seres sociales y, en contra del individualismo que mucho se llega a promover, los seres humanos necesitamos vínculos sólidos, por eso es que instintivamente buscamos pertenecer a nuestra familia, ser vistos y aceptados. Esto también lo buscamos con una pareja. El sentido de pertenencia nos ayuda a contrarrestar la temida soledad o el aislamiento no deseado. Sin embargo, existen diferentes formas de ser pareja, y lo digo en el sentido más amplio, desde la preferencia sexual hasta el tipo de convivencia que eligen tener. El problema surge cuando nuestra alma dicta un camino y nuestra mente elige avanzar en dirección contraria.

Más allá de la relación que elegimos tomar o no, hay un trasfondo que mira hacia la historia familiar, en el que se hallan muertes prematuras, infidelidades, abortos, divorcios, abusos y diversos sucesos que marcarán la forma en cómo se desenvolverán las relaciones. Este trasfondo es una de las causas principales por las que se llegan a repetir patrones. Lo podemos confirmar cuando volteamos a ver a nuestro árbol familiar y descubrimos que el patrón no solo está presente en ti o en tus relaciones, sino que eres parte de un grupo que inconscientemente está siguiendo la ruta que marcó un ancestro.

Las dinámicas que podemos observar en una relación de pareja están compuestas por movimientos visibles e invisibles. Por un lado, los visibles podemos detectarlos fácilmente con los sentidos: lo que cada uno dice, los gestos que hacen, las acciones que realizan, etc. Pero hay movimientos invisibles que están relacionados con la fuerza que motiva aquello que vemos en la superficie, hablamos de las lealtades invisibles del inconsciente familiar. Vamos por la vida siguiendo guiones que en la relación de pareja nos llevarán por momentos a ser víctima, y después pasar a victimario, e intercambiar roles con el otro porque, como decíamos, ninguno es totalmente bueno y ninguno es totalmente malo. Sin darnos cuenta, en nuestro andar, aun creyendo que estamos haciendo lo correcto, podemos lastimar, y mucho.

¿Quién está bien y quién está mal? Esta es una pregunta muy frecuente, pero si volvemos al punto de partida, en el que vemos que en gran medida hacemos lo que estamos programados para hacer, ¿quién tendría el derecho de juzgar? En muchas ocasiones, nuestras acciones etiquetadas como negativas serán aciertos, y las acciones que aparentemente tomamos con bondad serán armas contra el otro.

Yo te invito a observar las relaciones desde una perspectiva circular, en donde cada uno de los integrantes participa de igual manera, y en donde las decisiones y acciones de uno impactan al otro. De esta forma estamos en constante movimiento, tan entrelazados, que nosotros mismos somos el propulsor del siguiente movimiento de la pareja, y viceversa. Aquí es en donde a cada uno de nosotros nos toca ver qué estamos llevando a la relación. Profundizar en nosotros mismos con responsabilidad nos otorga la capacidad de relacionarnos más conscientemente con la otra persona.

Cuando logramos ver que muchas de nuestras decisiones están impulsadas por algo más grande que la propia relación de pareja, podemos disminuir los juicios y entender que hay cosas que se salen de nuestra comprensión y control, y está bien. Puedo conservar mi integridad porque, sea lo que sea que se presente en la dinámica familiar o de pareja, no atenta contra mi valor.

El ego constantemente me dirá al oído: "Él me gritó", "Ella me ofendió", "Yo no debo dejarme", "Es mi derecho", etc. Hago una pequeña pausa para recordarte que hay algunas claves para detectar cuando estamos hablando desde el ego; si tu diálogo incluye "yo", "mi", "me", "conmigo", seguramente proviene del ego, y lo puedes confirmar así:

- ¿Cómo se siente cuando dices "Él me gritó"?
- ¿Cómo se siente cuando dices "Él gritó"?

¿Notas la diferencia? No todo lo que hacen los demás tiene que ver contigo. Cuando te das cuenta de que las relaciones desde el ego vienen cargadas de sufrimiento, comienzas a esforzarte un poco más para dejarlo a un ladito.

Te comparto ahora la historia de Esther. Ella vino a consulta por la recomendación de una de sus amigas que había notado cambios al utilizar la herramienta de constelaciones familiares. Cuando la recibí, recuerdo que me dijo:

—Son tantas las cosas por resolver, que no sé por dónde empezar...

Esther se encontraba entusiasmada de iniciar, pero al mismo tiempo se sentía temerosa de descubrir algo nuevo. Esto es normal, solemos tener una relación más afectuosa con lo ya conocido que con lo nuevo.

—¿Sabes?, estoy muy preocupada por la relación de mis padres, pero sé que ese no es asunto mío y que debo de enfocarme en resolver mis propios problemas. Mi esposo y yo tenemos un tiempo distanciados, además de que la economía no le está favoreciendo mucho a él...

Decidimos realizar una constelación individual y empezar por su relación de pareja. Ahí, efectivamente, se evidenció el distanciamiento entre ellos y la probable causa del tema económico. Esther había acomodado las figuras con suficiente espacio entre ambos, y ella se había colocado en la posición de mayor jerarquía, es decir, en la energía masculina, lo cual explicaba por qué llevaba los últimos años esforzándose tanto por ser ella la que llevara a flote las finanzas del hogar. Realizamos el acomodo con la pronunciación de algunas frases sanadoras, y después continuamos con la familia de origen.

Esther tenía dos hermanas, y fue muy revelador para ella ver que había colocado en la posición de pareja a su padre, a ella como pareja, y después a su madre; a diferencia de sus hermanas, a quienes las había acomodado en el orden correcto de hijas. Enseguida, exclamó:

—Yo soy la confidente de mi papá, !pobrecito!, tiene tantos problemas con mamá...

Sin darse cuenta, Esther había desplazado a su mamá de la posición de pareja para ocuparla ella, lo cual no solo creaba problemas en el matrimonio de sus padres, sino también en el suyo. Realizamos el acomodo respetando el orden, y después de esto, se fue profundamente conmovida. Con el paso de los meses, me escribió un mensaje: "Es increíble cómo se acomodaron las cosas. Te escribirá una amiga que también quiere asistir a consulta".

Según Hellinger, creador de las constelaciones familiares, los órdenes del amor establecen principios fundamentales que rigen el equilibrio y el bienestar en nuestras relaciones. En las constelaciones familiares se habla de la importancia de "tomar a los padres" para tener relaciones personales más sanas. Tomar a los padres significa aceptar a nuestros padres tal y como son, con todo lo bueno y lo malo, y reconocer que a través de ellos recibimos la vida, lo cual es fundamental en nuestro crecimiento personal y emocional.

El no tomar a los padres o rechazar algún aspecto de ellos puede tener un impacto profundo en las relaciones de pareja y en otras áreas de la vida, desde tener dificultades para establecer relaciones estables, repetir patrones, dependencia o rechazo de la pareja, hasta relaciones poco saludables o dificultad para sentir que se recibe amor.

El proceso de sanar la relación con los padres

Tomar a los padres o sanar el vínculo con nuestros padres implica verlos como los seres humanos que nos dieron la vida, con sus aciertos y errores, y agradecerles por ello. Este acto no necesariamente requiere de una relación cercana con ellos en el presente, sino más bien de un reconocimiento interno y una aceptación de su papel en nuestra vida. Al tomar a los padres de manera simbólica y emocional, las personas pueden liberar bloqueos emocionales y tener relaciones más saludables y equilibradas.

Tener la iniciativa para resolver los asuntos que nos aquejan suele ser un acto de amor maravilloso para con nosotros mismos. Te invito a experimentarlo.

"La mayoría de nosotros vivimos atrapados en el pasado o preocupados por el futuro, perdiendo de vista el único momento real: el presente".

Eckhart Tolle

Relaciones a destiempo

¿Alguna vez has analizado en qué tiempo te relacionas con los demás? Muchos asumen que se relacionan en tiempo presente, pero no es así, la realidad es que también nos relacionamos desde el pasado o el futuro. Si me preguntas a mí qué es lo que veo más en consulta, te diré que es que la mayoría se relaciona desde el pasado, y este puede ser un saboteador gigante cuando se trata de reconstruir una relación sana. A continuación, te mostraré el porqué.

Hace un tiempo atendí a Clara y Gerardo. Ellos eran una pareja como muchas que llegan a consulta: estaban a punto de divorciarse. Ella había descubierto que Gerardo había sido infiel meses atrás, y aunque los dos estaban de acuerdo con intentar salvar la relación, esto parecía no estar funcionando. Al escucharlos me di cuenta de cuál era su principal dificultad: no dejar de relacionarse desde el pasado. Para mí era claro, la confianza que se tenían ya estaba fracturada, y en el intento de volver a armar las piezas se desanimaban constantemente, pero ellos no habían considerado que podían construir una confianza nueva, más resistente, con más sabiduría, solo que para lograrlo tenían que relacionarse en el presente, es decir, más conectados con lo que estaban viviendo que con lo que habían vivido.

Recuerdo una ocasión en la que me contaron que Gerardo había llegado un poco más tarde de lo habitual a casa, y Clara se enfureció tanto al verlo pasar por la puerta, que comenzó a insultarlo:

—Para mí era revivir el dolor de cuando me enteré que se vio con otra mujer —confesó Clara.

Hasta cierto punto, la reacción de Clara era normal; esto es un efecto que solemos observar después de haber atravesado por una situación extremadamente difícil, ya sea física o emocionalmente, a la cual se le suele llamar estrés postraumático. Lo que ellos no alcanzaban a ver era que en ese momento de crisis lo que en realidad pasaba era que Gerardo se quedaba en el presente, y Clara viajaba al pasado. Recuerdo a Gerardo afirmando:

—Me dijiste cosas horribles que hace mucho no me decías.

Y, claro, ¡ella se estaba comunicando con su pareja de meses atrás!

Invitarlos a observarse en este tipo de interacciones les ayudó a que pudieran salir del círculo vicioso en el que se encontraban. El que Clara lograra preguntarse mentalmente, cada vez que se sentía empujada por el miedo y el dolor, qué otras situaciones podrían estar sucediendo además de eso que tanto temía, sumado al apoyo que se daban mutuamente en el proceso, ¡fue casi milagroso! Poco a poco fueron aprendiendo a interactuar mayormente en el presente, y eso les trajo muchos beneficios.

En innumerables ocasiones me ha tocado presenciar discusiones de pareja en las cuales es fácil darte cuenta de que están atrapados en lo que parecieran ser dimensiones diferentes. Es como si cada uno te hablara de una realidad que no tiene nada que ver con la realidad del otro. Si te ha tocado experimentar el tener una diferencia con tu pareja y que, al querer expresar lo doloroso o fuerte que puede ser para ti algo, y por más que intentas darte a entender el otro no alcanza a dimensionarlo, seguro podrás darte una idea de lo que estoy hablando. Las situaciones emocionales que no alcanzamos a procesar dejan una parte de nosotros atrapada en el tiempo. Un ejemplo claro es cuando tenemos necesidades emocionales que no fueron cubiertas por nuestros padres y que no las hemos trabajado de adultos. Estas nos van a jalar a ese momento doloroso, lo cual impactará en nuestra percepción de los hechos, pues podemos llegar a ver la situación como algo inmenso, cuando no lo es.

Para darte otro ejemplo, te comparto la historia de Ruth y Luis. Ellos llegaron a mi consultorio con la intención de descubrir si había una alternativa adicional al divorcio. Estaban cansados de discutir, totalmente desgastados. Me compartieron que hacía algunos años Luis había tomado algunas malas decisiones financieras sin consultar a Ruth. Aunque se sentía avergonzado por las consecuencias que ambos enfrentarían, él mismo se lo había confesado con la intención de que su acción no afectara su matrimonio. Los dos sabían que, si querían sacar a flote su relación, tendrían que hacer esfuerzos en conjunto, sin embargo, desde entonces todo se había venido cuesta abajo. Luis, por su parte, tenía la esperanza de que su acto de honestidad y sus ganas de resolver los problemas ayudara. Ruth, por su cuenta, afirmaba que valoraba que él fuera abierto con ella, ya que ella también reconocía que ambos habían descuidado su relación de diferentes maneras. Ella lo veía como un nuevo comienzo, pero todo eso se quedaba a nivel mental pues, al querer avanzar, algo pasaba, discutían y terminaban totalmente desconectados ante cualquier pretexto.

Al escucharlos fui notando que Luis había dado un salto en el tiempo, para él ya estaban en un proceso de sanación y esperaba que pudieran estar más unidos que antes para resolver los asuntos juntos. Ruth, por su cuenta, deseaba lo mismo, pero estaba en otra etapa del proceso, ella aún estaba asimilando el dolor, no se había dado tiempo de preguntarse cómo se sentía con respecto a lo sucedido. Al hacerle la pregunta: "¿Qué nombre le pondrías a lo que pasó?", ella sin dudar dijo "Traición", y se desplomó llorando. Luis estaba algo confundido, desde su punto de vista ya había pasado un tiempo considerable, e incluso ya habían hablado muchas veces de las posibles soluciones que tendrían, pero a Ruth le costaba avanzar a la misma velocidad que él, ya que, a su vez, esta desilusión se sumaba al dolor que había atravesado en su niñez cuando se enteró de que su padre los había dejado por otra familia. Claro, esto último había quedado mucho tiempo en el olvido.

Ruth no podía brincarse los pasos que la separaban de Luis, y era Luis quien tenía la opción de regresar unos pasos atrás para acompañar a Ruth, y fue así como comenzaron a trabajarlo. Luis reconoció que, para cuando decidió contarle a Ruth lo que estaba pasando, él ya llevaba un tiempo pensándolo, es decir, le llevaba cierta ventaja de tiempo en el procesar lo que había sucedido; pero para ella aquello era algo que acababa de pasar, era algo reciente. Ambos pusieron empeño en comprender que cuando Ruth se llegaba a sentir enojada o insegura, era parte de las reacciones esperadas ante un descubrimiento reciente de esa magnitud, pero también cuando Luis se llegaba a mostrar incomprensivo, era debido a que el tema para él ya era noticia vieja. Comprender estas diferencias y validar el sentir del otro ayudó a lograr que la relación avanzara.

Es común que olvidemos que cada uno de nosotros tiene sus propios procesos y sus propios tiempos. Aunque estemos atravesando por la misma situación, podemos vivirla de diferente forma, y respetar esto es parte de nuestra responsabilidad afectiva. Vivimos nuestras relaciones a destiempo porque somos seres emocionales, y las emociones tienen un gran impacto en nuestras acciones diarias.

El poder de la atención

Cuando tenemos un tiempo sintiéndonos dolidos o lastimados, es común que nuestra atención esté enfocada en la probabilidad de que aquello que pasó vuelva a suceder, o bien, en tener presente el evento doloroso. Al hacerlo no nos damos cuenta de que estamos perpetuando la situación, es decir, aumentamos las posibilidades de que suceda eso que estamos tratando de evitar.

Una de las soluciones es que cambiemos nuestro enfoque a lo que sí queremos que suceda. Quiero comentarte que, desde un punto de vista psicoterapéutico, el poner atención a lo positivo en una relación de pareja es fundamental para el bienestar emocional, el fortalecimiento del vínculo y el crecimiento mutuo. Centrarse en los aspectos positivos de la relación ayuda a reforzar comportamientos saludables. Cuando las parejas reconocen y valoran las acciones, gestos y cualidades positivas del otro, están alentando su repetición. Este ciclo de retroalimentación positiva crea una atmósfera de confianza y bienestar emocional.

Enfocarse en lo positivo también nutre el apego seguro dentro de la relación. Las personas se sienten más validadas, amadas y respetadas cuando saben que sus esfuerzos son apreciados, lo que les permite sentirse seguros dentro del vínculo y reducir la ansiedad o inseguridad emocional.

Claro que es importante trabajar en resolver los problemas y desafíos de una relación, pero eso no nos impide centrar parte de nuestra atención en lo positivo, lo que ayuda a tener una visión más equilibrada de la relación. No se trata de ignorar los problemas, sino de asegurarse de que también haya espacio para apreciar lo que funciona bien y fortalece la relación.

Nuestro cerebro tiene una función maravillosa que es el Sistema de Activación Reticular (SAR). El SAR es un conjunto de neuronas en el tronco cerebral que juega un papel clave en la atención y la percepción selectiva, es decir, en cómo filtramos y enfocamos nuestra atención en ciertos estímulos del entorno mientras ignoramos otros. Esto puede usarse a favor o en contra de la relación, ya que, si estamos muy enfocados en los errores, nuestro cerebro se volverá un radar para encontrar más, pero si nos enfocamos en lo positivo, hará lo mismo, solo que a nuestro favor.

Si crees firmemente en algo o te enfocas en un objetivo, tu SAR comenzará a buscar información o estímulos relacionados con ese enfoque, haciendo que ciertos eventos, oportunidades o ideas sean más evidentes para ti, tal como funciona el algoritmo de tus redes sociales. De la misma manera, puedes estar "ciego" a ciertas oportunidades cuando no estás enfocado en ellas. En resumen, el SAR puede ayudar a hacer visibles las cosas que coinciden con tus expectativas o creencias.

Sí es posible aumentar los momentos favorables para ti y tu relación, y puedes lograrlo programando tu mente. Una manera de programar información positiva en nuestro inconsciente es la repetición, y esto lo hacemos a diario. Puedes empezar poniendo atención en cómo te expresas sobre tu situación de pareja, observando, sobre todo, lo que te dices en tu diálogo interno, y especialmente, en lo que piensas justo antes de quedarte dormido. Este es un gran momento para guardar información que tu mente buscará mostrarte durante el día. Así que elige de forma deliberada con qué ideas te quieres quedar dormido.

La idea sería ser consciente de cómo funciona tu mente y elegir usar esto a tu favor. Es real que todas las relaciones atraviesan desafíos, pero una pareja que pone énfasis en lo positivo tiene mayor capacidad para enfrentar y superar dificultades. Al recordar las cualidades valiosas del otro y los momentos compartidos, es más fácil mantener una perspectiva equilibrada y no ser consumidos por los problemas.

La gran tentación de ganar

¿Alguna vez te has sentido con el ardiente deseo de que tu pareja reconozca que tienes la razón? ¡Seguramente sí!, a todos nos ha pasado. Esto se encuentra ubicado directamente en el terreno del ego. Pareciera que si logramos que nuestra pareja acepte que se equivocó, y que nosotros tenemos la razón, ¡mejorará todo! Sin embargo, no suele ser así, de hecho, esta dinámica es una muerte lenta para la relación. Probablemente hayas escuchado la frase "¿Qué prefieres: tener la razón o ser feliz?", pues al parecer es muy cierta; pero hay una noticia muy favorable: no necesitas tener la razón para ser feliz.

La búsqueda de tener la razón es la cara superficial de "Tengo miedo y necesito tener el control". Muchas veces esta necesidad llega a surgir después de vivir una experiencia que activó el sistema de alarma. En la medida en que buscamos tener la razón, más nos distanciamos. Lo que tenemos que llegar a reconocer para salir de este ciclo es que en realidad lo que buscamos es que la relación nos brinde conexión y seguridad. Para lograrlo se requiere de apertura, sintonía emocional, momentos en los cuales seamos capaces de vivir emociones que nos conecten.

No todas las emociones son agradables y fáciles de gestionar. Una emoción no vista se puede convertir en un ancla en el tiempo. El principal antídoto que tenemos para ello es la validación emocional.

Validación: el gran antídoto para lograr el equilibrio

Si no estás tan familiarizado con el término, te lo explicaré. La validación emocional en la pareja es el proceso de reconocer, aceptar y expresar empatía hacia los sentimientos, emociones y experiencias de la otra persona, sin juzgarlos ni minimizarlos. Se trata de hacer que el otro se sienta escuchado, comprendido y apoyado en sus emociones, incluso si no estás de acuerdo con su punto de vista o si no compartes la misma experiencia emocional.

La validación emocional no implica necesariamente que estés de acuerdo con lo que la otra persona siente, sino que reconozcas y aceptes que sus emociones son reales y significativas para ellos. Es decir, comprendes que es una experiencia emocional personal. Esta es una herramienta fundamental en las relaciones de pareja, porque refuerza la confianza, la comunicación y el sentido de seguridad emocional.

Pero ¿por qué darle tanta importancia a eso de la validación emocional en la pareja?
- Primero que nada, porque fomenta la conexión emocional. Cuando validas las

emociones de tu pareja, le haces saber que sus sentimientos importan y que son vistos y apreciados.
- También puede ayudar a mejorar la comunicación al sentir que está siendo escuchado. Mediante la validación emocional, ambos miembros de la pareja se sienten más abiertos y dispuestos a compartir lo que piensan y sienten.
- Suele reducir el conflicto, porque ayuda a prevenir discusiones o malentendidos, ya que demuestra respeto por las emociones del otro.
- Además, fortalece la confianza y la intimidad. El sentirse emocionalmente validado crea una base sólida de confianza en la relación, lo que puede profundizar la conexión íntima.

Considera que el no validar los sentimientos de una pareja puede llevar a que uno de los miembros se sienta incomprendido, desconectado o incluso aislado emocionalmente.

No siempre necesitas estar de acuerdo para validar los sentimientos de la otra persona. Puedes decir cosas como: "Entiendo que te sientas así.

Aunque yo lo veo de manera diferente, respeto lo que estás sintiendo".

Veamos un ejemplo muy común. Imagina que tu pareja llega a casa y te dice que ha tenido un día terrible en el trabajo y que se siente muy estresado. En lugar de decir algo como "No te preocupes, mañana será mejor" o "No es para tanto", frases que no validan sus emociones, podrías intentar lo siguiente:

- Escuchar activamente sin interrumpir y después decir algo como: "Parece que fue un día realmente difícil para ti, puedo ver que estás muy estresado".
- Parafrasear: "Parece que sientes que estás bajo mucha presión y no estás recibiendo apoyo en el trabajo, ¿verdad?".
- Empatizar: "Entiendo lo frustrante que debe ser sentir que no tienes control sobre lo que está pasando en el trabajo".
- Preguntar: "¿Qué crees que podría ayudarte a sentirte mejor ahora?".

Al practicar la validación emocional en la relación, fomentas un espacio en donde los dos pueden expresar sus emociones de manera segura, lo que fortalece la conexión y el bienestar emocional como pareja. Lograr que ambos se sientan seguros dentro de la relación es una tarea de dos.

No es necesario haber pasado por una crisis en la relación para que puedas obtener los beneficios de estar más en el presente. ¿Qué tal sería solo apreciar el brillo de los ojos de tu pareja por un instante, sin que nada se interponga?, ¿cómo sería darse tiempo solo para decirse lo mucho que se aprecian el uno al otro?

En mi consultorio suelo usar juegos que faciliten esta conexión tan necesaria para construir un mejor futuro desde el presente. Me encanta proponer conversaciones que los lleven a sentir que aumenta su intimidad, usar dados para decidir de quién será el turno de hablar de sus emociones, o incluso un reloj de arena para mirarse a los ojos con alguna frase sanadora. He notado que cuando utilizo este tipo de herramientas, ellos suelen dejar a un lado su rol de adultos y, al jugar, se permiten conectar más con sus mundos emocionales.

Inténtalo, lo que pasó, ya pasó, no puedes cambiarlo. Pero sí puedes cambiar tu futuro desde el punto exacto en el que estás hoy. Esto no significa borrar la historia o no fantasear con el futuro, significa no permitir que te gobiernen esos estados. Haz la prueba, sin ir tan lejos, solo elige qué quieres experimentar los próximos cinco minutos. Estoy segura de que conectar en el presente puede ayudarte a generar muchas más interacciones positivas, solo permítete experimentarlo.

Las dos claves más importantes

¿Hay agresividad, falta de respeto y falta de interés en tu relación? Durante muchos años he observado que existen principalmente dos tipos de parejas, ambas tienen conflictos, discusiones y retos en su vida juntos, pero la principal diferencia radica en cómo abordan estas situaciones. Por un lado, tenemos parejas que suelen estar en una actitud defensiva, tensa y muy enfocados en los errores de la otra persona. Por el otro lado, tenemos a las parejas que son amables entre ellos, que buscan constantemente la conexión emocional y están más enfocados en lo que ellos mismos aportan a la relación que en lo que aporta el otro.

En este capítulo te quiero hablar de dos claves básicas que pueden dar un giro a tu matrimonio, estos dos ingredientes suelen ser la base para sentir mayor estabilidad en una relación.

Como sabrás, anualmente son miles de parejas las que se unen en matrimonio. Independientemente de que las cifras de divorcios sigan en aumento, las personas continúan apostando por unirse en pareja para hacer una vida juntos y, en la mayoría de los casos, tener una familia propia. De la gran cantidad de parejas que se unen año con año, la mayoría con la intención de permanecer juntos toda la vida, solo unos pocos lo lograrán. Esto lo puedes comprobar tú mismo: ¿cuántos de tus conocidos se han casado al menos una vez en su vida?, ¿cuántos de ellos logran mantener un matrimonio armonioso por un largo tiempo?, ¿cuántos se han divorciado? La realidad es que estas cifras de divorcio siguen en aumento. La conclusión puede parecer demasiado obvia para mí: estamos experimentando una distorsión de lo que realmente es el amor de pareja; estamos más enfocados en lo que pasa afuera que en lo que pasa adentro de nosotros. Pero cuando nos fijemos en los detalles de nuestras propias relaciones, sin duda vamos a identificar las áreas que necesitan más atención.

Las dos claves y su gran impacto

Las dos claves básicas que permiten que una relación perdure hasta el final de la vida son, simplemente, el aprecio y la conexión emocional. Entre las parejas que he recibido en consulta, logro observar que algunas, de forma natural, casi instintiva, ponen en práctica estas dos claves. Suelen ser parejas que tienen en sus padres ejemplos de relaciones estables y duraderas, lo que me lleva a pensar que, cuando como padres somos capaces de trabajar en nuestro matrimonio, no solo estamos proporcionando beneficios a nivel de pareja, sino que también estamos dando una escuela a nuestros hijos sobre las relaciones estables. A continuación, te hablaré a fondo de cada una de estas claves.

Clave 1. El aprecio en la relación

El aprecio es una cualidad que todos deberíamos de practicar, el hacerlo nos conecta de una forma más positiva con nuestras experiencias. Entre más incorporamos al aprecio en nuestra vida, más se despierta en nosotros una sensación de gratitud.

El aprecio es fundamental para la relación de pareja. La calidad y el futuro de la relación se ven afectados por hechos tan sencillos como nuestra forma de responder a las preguntas cotidianas o a las peticiones de nuestra pareja. Preguntas como "¿Has visto lo grande que está ese árbol?", puede ser una oportunidad para que la pareja muestre interés en los gustos de su cónyuge, actuando con aprecio en vez de agresividad. El egocentrismo genera desinterés e indiferencia.

¿Cómo podría despertar aprecio una pregunta así de simple? Muy sencillo, tu pareja, al igual que tú, podría compartir sus intereses, su tiempo y sus pensamientos con cualquier otra persona en el mundo, pero en este punto de su camino te está eligiendo a ti. ¿Cuántas cosas más podrías sumar a esta apreciación? Se puede lograr que algo aparentemente irrelevante fortalezca la conexión entre los dos.

Seguramente ambos hacen un montón de actividades por su familia. Tenemos tantas acciones que estamos impuestos a dar y recibir, que las damos por hecho, pero estas necesitan pasar por el filtro de la apreciación; incluso si hablamos de cosas cotidianas, como trabajar, dormir y atender las tareas de la casa. Existen un sinfín de formas de hacerlo, pero cada uno ha elegido algo en particular.

Tener la capacidad de poner atención y apreciar lo que sí está sucediendo, lo que sí se está dando, nos conecta inevitablemente con la gratitud, y esto ya cambia por mucho el ambiente en la relación.

Cómo crear un ambiente de aprecio y gratitud

Apreciar las cosas positivas que hace tu pareja no significa ignorar las conductas o actitudes que podrían estar siendo desfavorables, solo significa que tienes la capacidad de no dejar de lado lo positivo que sí está sucediendo.

Cuando somos capaces de sentir agradecimiento, experimentamos numerosos beneficios que impactan tanto en nuestro bienestar emocional como en el físico. Practicar la gratitud regularmente puede aumentar los niveles de felicidad y reducir el estrés y la ansiedad. Nos ayuda a enfocarnos en lo positivo, lo que nos da una perspectiva más equilibrada de la vida, además de fortalecer las relaciones interpersonales, ya que fomenta la empatía y promueve relaciones más profundas y satisfactorias.

Agradecer a las personas por su apoyo o sus actos de bondad puede hacer que se sientan valoradas. Además, suma a todo esto que la gratitud está asociada con una mejor calidad del sueño, menor presión arterial y un sistema inmunológico más fuerte. ¿No son suficientes beneficios?

Las personas que frecuentemente están enfocándose en lo positivo crean un ambiente de aprecio y gratitud hacia su pareja. Por otro lado, las parejas con actitudes egocentristas construyen un entorno basado en la insatisfacción, siempre apuntando a los errores de su cónyuge, lo que les lleva a volverse ciegas u olvidadizas con respecto a los buenos puntos de su pareja, que son tan necesarios para poder sobrellevar las rachas difíciles del matrimonio.

Cuando una pareja decide disolver su matrimonio, hace un balance interior de los puntos positivos y negativos de su relación, desde su perspectiva, para llegar a una conclusión. ¿Qué crees que pase si todo el tiempo estuvieron tomando nota de lo negativo, sin apreciar lo positivo?, ¡la balanza se inclinará hacia huir! Pero después, ¿cambiaría algo con una siguiente pareja?, seguramente no.

Clave 2. Conexión emocional en la pareja

La conexión emocional en la pareja es el vínculo afectivo profundo que se forma cuando ambos miembros se sienten comprendidos, apoyados y valorados a un nivel íntimo y emocional. Esta es una base clave para una relación saludable y duradera, ya que va más allá de la atracción física o de la compatibilidad superficial.

La conexión emocional en la pareja está caracterizada por la muestra de empatía mutua, una comunicación abierta y honesta, pero sobre todo, de intimidad emocional. Va más allá de lo físico, es la capacidad de ser vulnerable y mostrar las emociones más profundas y auténticas. Implica confiar en que la otra persona está presente, dispuesta a escuchar y a ofrecer apoyo incondicional.

La importancia de la conexión emocional en la pareja radica en que esta fortalece la relación. Cuando ambos miembros se sienten emocionalmente conectados, están más motivados para cuidar la relación. De esta manera, la confianza y el respeto crecen, creando un vínculo que es difícil de romper. Todas las relaciones se van tejiendo a partir de los momentos de mayor carga emocional, ya sea a favor o en contra.

¿Por qué puede debilitarse la conexión emocional?

- Falta de comunicación: si la pareja no expresa sus emociones o no escucha las necesidades del otro, la conexión emocional puede deteriorarse.
- Resentimientos no resueltos: los conflictos o heridas pasadas no abordadas pueden generar distancia emocional.
- Rutina o monotonía: con el tiempo, la vida diaria puede hacer que una pareja se distancie emocionalmente si no invierten lo necesario para mantener viva la relación.
- Falta de tiempo de calidad: el pasar tiempo juntos de manera significativa es crucial para mantener la conexión emocional.

Conversación emocional

Cuando en una pareja tienden a mantener conversaciones limitadas a expresar lo que están experimentando, de forma superficial y sin prestar atención a las emociones, suelen terminar en desconexión. Por eso no basta tener una comunicación continua, sino que esta debe ser profunda. En una conversación emocional se comparte, además de los hechos, el impacto emocional desde la responsabilidad personal. Mi forma de expresarlo gráficamente es con un triángulo: a mayor expresión emocional, mayor conexión; es decir, hay menos distancia entre la pareja. Y a menor expresión emocional, mayor desconexión, mayor distanciamiento entre los dos.

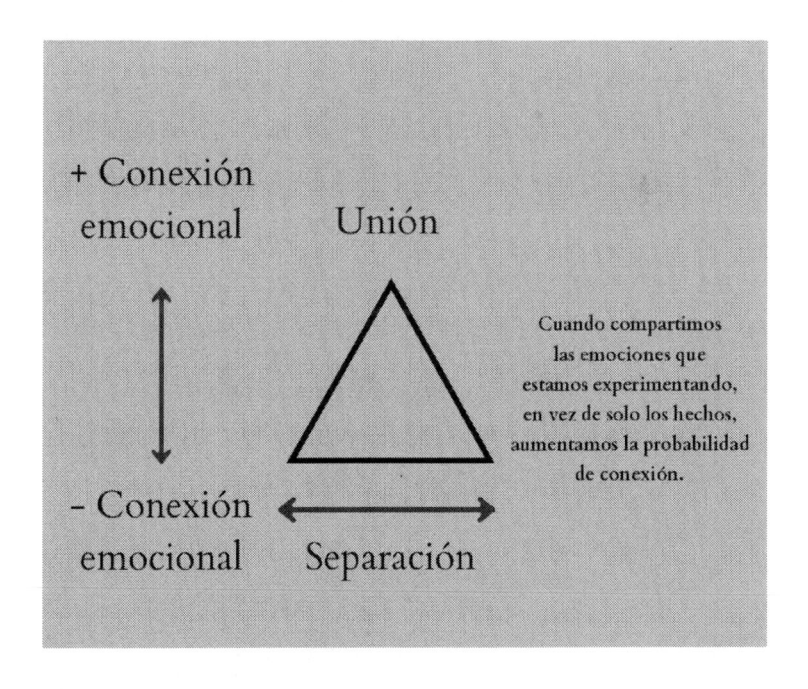

+ Conexión emocional   Unión

- Conexión emocional   Separación

Cuando compartimos las emociones que estamos experimentando, en vez de solo los hechos, aumentamos la probabilidad de conexión.

Una emoción particularmente importante en este tipo de interacción es la vulnerabilidad. La capacidad de mostrarnos vulnerables ante otros es, en realidad, una muestra de valentía y confianza, ya que implica abrirse completamente y compartir los aspectos más íntimos de uno mismo, con la posibilidad de ser herido. Sin embargo, es en ese acto de apertura en donde las relaciones crecen y se fortalecen.

Sentir seguridad dentro de la relación de pareja, al grado de mostrarte sin protección de ningún tipo, y aun así salir ileso, aumenta la conexión emocional. Esto es esencial para la estabilidad y el bienestar de la relación. Sin esa conexión, las relaciones pueden volverse superficiales o distantes. Pero cuando está presente y se cultiva, la pareja puede enfrentar cualquier reto, manteniendo una relación amorosa, respetuosa y plena.

Estas dos claves son el cimiento de una relación estable y satisfactoria, y ambas requieren de aplicación diaria para disfrutar de sus beneficios.

Creación de un espacio seguro

¿Alguna vez te has cuestionado si tu relación es un espacio seguro para ti? Esta pregunta me parece muy importante, sin embargo, me parece aún más relevante cuando nos cuestionamos si somos un espacio seguro para nosotros mismos. Cuando la primera persona que me rechaza, anula, juzga, etc., soy yo, se vuelve más complicado sostener un espacio seguro afuera. Pero cuando tú te encargas de que tu relación interior sea un espacio seguro, libre de juicios y exigencias absurdas, y te vuelves tu principal fuente de amor y contención, automáticamente eres capaz de detectar eso mismo en los demás. Tanto es así, que sabrías perfectamente cuándo alejarte de cualquier tipo de relación que no esté siendo respetuosa.

    La relación que solemos tener con nosotros mismos en realidad no empieza con nosotros, sino que solemos replicar la relación que vimos en nuestros cuidadores. Incluso se pueden presentar en nosotros conductas autodestructivas por efecto transgeneracional, es decir, como consecuencia de lo que vivieron o sintieron nuestros antepasados. Conocernos nos lleva a cuestionarnos si tenemos con nosotros mismos la relación que nos encantaría experimentar con una pareja. Estas dos claves que te compartí también aplican perfectamente en lo individual. Intenta incorporarlas en tu vida y verás cómo la creación de un espacio interior seguro se expande con mayor facilidad hacia el exterior.

Actualmente existen múltiples estudios sobre la felicidad que demuestran el impacto de nuestras relaciones en la salud física, en la plenitud y la longevidad. Esto quiere decir que no solo se trata de una relación de pareja que empieza y termina, sino de nuestra propia salud física y mental. Cada vez que decidimos, ya sea consciente o inconscientemente, pelear y discutir, estamos optando por atacar a nuestro propio cuerpo de una manera sumamente violenta, olvidando que siempre tenemos la opción de elegir entre vivir en paz o en guerra.

Sabiendo que nuestras relaciones, especialmente la de pareja, repercuten en aspectos tan relevantes, podemos cuestionarnos: ¿por qué no llevábamos en la etapa escolar asignaturas que fomenten el aprendizaje de las bases para construir relaciones sanas y duraderas? Este sería un cambio radical para nuestra sociedad. Sin embargo, el trabajar con nosotros mismos, dentro de nuestra propia familia, ya es un granito de arena para crear espacios de amor y tolerancia.

El camino del amor consciente

La pareja perfecta[1]

Sentados en la plaza del pueblo, dos viejos amigos conversan mientras observan a varias parejas sentadas en el césped.

—Entonces, ¿nunca pensaste en casarte? —preguntó el primero.

—Lo pensé, pero nunca llegué a hacerlo —respondió el segundo—. Cuando era joven, decidí buscar a la mujer perfecta.

Tras esgrimir una leve mueca, el hombre continuó diciendo:

—Cuando fui a las costas, encontré a la mujer más bella que jamás había visto, pero no conocía de las cosas materiales de la vida, ni era muy espiritual. Cuando fui a lo más alto de la montaña,

---

[1] Autor desconocido.

conocí a una mujer muy bonita y con un intenso interés por lo espiritual, pero no le daba importancia a las cosas materiales o a lo que ocurría en el mundo. Seguí andando y llegué a la ciudad, donde tropecé con una mujer muy linda y rica, pero no se preocupaba del aspecto espiritual. Seguí andando y, al llegar a las praderas, hallé a una mujer que tenía un gran mundo espiritual y apreciaba el mundo material, pero no era bonita. Seguí buscando, y en uno de mis viajes tuve la oportunidad de cenar en la casa de una joven bonita, espiritual y conocedora de la realidad material... era la mujer perfecta.

Se produjo un breve silencio que dejó escuchar el profundo suspiro de aquel hombre.

—¿Y por qué no te casaste con ella? —preguntó el amigo.

—¡Ah, querido amigo mío!, lamentablemente ella también quería un hombre perfecto.

Este es un breve cuento que nos invita a reflexionar sobre lo imperfectos que somos y lo mucho que podemos llegar a exigir a nuestro compañero de viaje, ¿estás de acuerdo?

Para este punto ya tienes una idea más profunda de las relaciones humanas. Sabes que nuestros primeros vínculos dejan fuertes huellas que nos nublan la vista para poder ver el amor que somos capaces de dar y recibir. El camino del amor consciente nos invita a alejarnos de la limitada acción de culpabilizar a los demás de nuestra experiencia, y a retomar el poder personal, haciéndonos cargo de nuestra propia historia; muy diferente a la relación tradicional, en donde el foco de atención se mantiene en el exterior, es decir, en la pareja, sus acciones, sus palabras, sus errores.

En el amor consciente se cambia la atención hacia uno mismo, reconociendo que las cosas que se presentan en nuestra experiencia están ahí para nuestro desarrollo personal. No nos obliga a sostener relaciones desfavorables, pero sí nos empuja a tomar los aprendizajes que estas nos muestran sobre nosotros mismos.

Esta manera de ver las relaciones abandona el deseo de cambiar al otro, reconociendo que el único cambio que puedes elegir es el tuyo. Sin embargo, las relaciones son sistemas, y estos se ven impactados por los cambios generados por cualquiera de los integrantes, por lo cual, a menudo sí se presentan cambios como resultado de una nueva dinámica.

Al ser consciente de la proyección de tu interior a la relación externa, descubres tu propia capacidad para cuidarte y relacionarte desde el amor, en vez de hacerlo desde el miedo.

Para lograr una conexión sólida se requieren dos componentes muy importantes, el primero es el aumento de la intimidad, y el segundo es el renunciar al pasado, para vivir y construir el futuro. A continuación te cuento un poco más.

Los cuatro niveles en la relación

Siempre he pensado que es una gran responsabilidad recibir a una pareja con la intención de encontrar una solución para mejorar su relación. Pienso: "Seguramente ellos recurren a ti porque ya agotaron sus propios recursos". Con esto en mente, la pregunta que con mayor frecuencia me hago es: "¿Cómo puedo hacerlo más fácil para ellos?".
Mi manera de verlo es como empezar a subir una escalera. En el primer escalón cuesta un poco más de determinación, pero conforme vas subiendo, se vuelve más fluido el movimiento o, si hablamos de relaciones, se vuelve más profunda la intimidad.

Después de un tiempo de cuestionarme por qué a algunas parejas les costaba tanto resolver sus conflictos, por sencillos que estos parecían, me di cuenta de que el componente era el nivel de intimidad, la manera en que profundizaban o no en la raíz de sus retos cotidianos. Y quizás me dirás: "Pero ¿qué se puede profundizar cuando el tema es si mi pareja hace o deja de hacer lo que le corresponde?, ¿qué tan difícil puede ser sacar la ropa de la secadora?". ¿Cierto? Y la respuesta es: sí es posible profundizar. De hecho, no solo es posible, es necesario profundizar si se quiere resolver a fondo la situación.

Partiendo de esta idea, adopté la postura de que existían diferentes niveles de intimidad en un conflicto. Hay cuatro maneras de verlo y de resolverlo, y te las quiero compartir.

Nivel 1. Físico

Me pregunté qué es lo primero de lo que se quejan mis clientes de sus relaciones, y suelen quejarse de actitudes que notan en su pareja. Por ejemplo, suelen decir cosas como: "Él siempre se queda callado, no me comparte nada", "Ella explota rápidamente

193

y empieza a gritar", "Siento que él solo me ignora", "Siempre está de mal humor", etc. ¿Qué tienen en común estas quejas? Principalmente, que están relacionadas a nuestros sentidos: lo que vemos o no vemos, lo que escuchamos o no escuchamos, lo que sentimos o no sentimos. Le damos mucha importancia a nuestros sentidos, y está bien, son una herramienta útil para interpretar nuestro entorno. Pero debemos recordar esta palabra clave: "interpretar". Los sentidos nos dan información para que, por medio de nuestra experiencia y creencias, le demos un significado a lo que percibimos.

Si estuvieras en la playa, con veintidós grados centígrados de temperatura ambiente, y les preguntaras a los visitantes que cómo está el clima, algunos te dirían "genial", otros "fresco" y otros más "muy caluroso". Todos ellos usan los mismos sentidos para darte una respuesta, pero seguramente cada uno tiene una experiencia de vida diferente. No es lo mismo vivir en el desierto de Irán que en la Antártida. Nuestra experiencia en el entorno influye en cómo percibimos los nuevos sucesos.

Este nivel es el más básico, pero suele ser común que las personas se enganchen en este paso.

Al discutir desde este nivel, nos estamos perdiendo de mucha información relevante para lograr un resultado diferente. Necesitaríamos elevar la profundidad de lo que estamos detectando como molesto, para darle un entendimiento y resultado diferente.

Nivel 2. Mental

En este segundo nivel ya no solo nos damos cuenta de lo que registran nuestros sentidos, ahora nos hacemos conscientes de qué pensamos sobre ellos. Este paso ya es un giro importante, porque nos invita a ver qué hay detrás de la primera interpretación; es decir, nos lleva a observar nuestros pensamientos y a cuestionar nuestras creencias: "¿Cómo llegué a la conclusión de que eso que estoy percibiendo es negativo o dañino?". Definitivamente puede serlo, pero es importante identificar qué pensamientos circulan con relación a ello. Esto te permite, por un lado, reconocer qué pensamiento te está llevando a reaccionar de determinada manera, para que puedas comunicarte de una forma más clara y asertiva, sobre todo, si es necesario establecer un límite o llegar a un nuevo acuerdo.

Nivel 3. Emocional

Como te darás cuenta, efectivamente, vamos profundizando. La pregunta que ahora nos toca hacernos es: ¿cómo me hace sentir esto que estoy percibiendo? Este es un punto clave para despertar el interés de mi pareja en resolver. El solo hecho de dar una instrucción sobre lo que quieres o esperas que haga tu pareja, no siempre le dará la suficiente motivación a esta para hacerlo, es necesario que se entere de tu sentir y de por qué eso es tan importante para ti.

Ponerle nombre a lo que estamos sintiendo es un paso que facilita la gestión emocional. Aunque las palabras se pueden llegar a quedar cortas, el nombrar la experiencia también puede ayudar a que nuestra pareja tenga más claro qué estamos sintiendo y, de esta manera, invitar a que la empatía se pueda hacer presente.

En muchas sesiones he observado discusiones que no llegan a este nivel, y cuando les propongo que compartan cómo se sienten, que se abran con su pareja sobre qué emociones se esconden detrás del conflicto, es asombroso ver que la pareja no tenía idea de que detrás de un reclamo había tristeza, miedo, incertidumbre y otras emociones más.

Te invito a explorar más cotidianamente este nivel. Cuando sientas que tú y tu pareja están en conflicto, intenta darle lugar a este nivel primero contigo mismo: observa tu sentir, ponle nombre e intenta darte tiempo para respirar e identificar las emociones que se presenten. Si te sientes cómodo, compártelo con tu pareja. En caso de que aún no sea así, comienza por solo escribirlo para ti. Al terminar, lee tu escrito y verifica si no es necesario agregar alguna otra emoción. Repítelo cada vez que percibas fricción entre ustedes. Con el tiempo, cada vez te será más fácil hacer el ejercicio contigo mismo y, en algún momento, también será cómodo llevarlo a la práctica en pareja.

Las emociones nos ayudan a conectar con nosotros mismos y con los demás. Cuando les damos el lugar que les corresponde, nos dan la valiosa oportunidad de conocer qué pasa en nuestro interior, también nos ayudan a conocer el mundo interior de nuestra pareja, y eso es conexión.

Nivel 4. Espiritual

Siendo sincera, no muchas parejas se dan la oportunidad de explorar las posibilidades que nos regala este nivel. Para ello, se requiere mayor profundidad, y no todos están dispuestos a tomar el riesgo que podría representar para nuestro ego, sin embargo, es el nivel que nos conecta más fuertemente con la trascendencia.

Una pregunta clave en este nivel es: ¿para qué estamos juntos? Existen en el mundo más de ocho mil millones de personas, ¿por qué tú?, ¿por qué yo?, ¿es esto casualidad?, no lo creo. Debe existir algo más profundo que nos une, y cuando le damos un lugar a eso más grande, que tú puedes llamar Dios, Universo, vida, cosmos, etc., es que podemos dar un sentido más elevado a nuestra relación. En este nivel podemos tomar una fuerza enorme a favor de nuestra unión.

Recuerdo el caso de Martha y Elías, una pareja que, cuando yo los conocí, tenían veinticinco años de casados. Uno de sus hijos acababa de comprometerse, y ellos estaban considerando la posibilidad de separarse, ya que durante mucho tiempo se propusieron seguir juntos hasta que sus hijos crecieran. Claro, esa fecha llegó y estalló la bomba. Afortunadamente, decidieron asistir a terapia de pareja antes de tomar la decisión final.

En las sesiones fuimos descubriendo que algo que les estaba afectando a ellos, como a muchas otras parejas, era la falta de adaptación al cambio. Martha hacía poco que había decidido dejar de trabajar. Elías, por su lado, tenía en mente que estaba en la recta final antes de la jubilación. Era difícil sentirse conectados cuando, a nivel mental, estaban presentándose ante la relación con creencias opuestas. Al conectar con el nivel emocional, empezaron a sentirse más tranquilos, pero el verdadero cambio se dio finalmente cuando llegamos a charlar acerca del nivel espiritual. Ambos reflexionaron acerca de las diferentes posibilidades que podrían haber elegido a lo largo del tiempo juntos, pero ahí estaban, veinticinco años después, nuevamente con la posibilidad de elegirse o de dejarse ir.

Ambos sentían mucho amor por la familia que habían formado. Aunque era evidente, no habían notado que su familia, esa que iniciaron más de dos décadas atrás, diciendo "Sí, acepto", estaba en una etapa de expansión. Sus hijos habían empezado a dejar el nido. Fue asombroso cuando Elías propuso: "Yo quiero que tú y yo seamos la pareja que sigan de ejemplo nuestros hijos, aún estamos a tiempo". Martha asintió enseguida.

Trabajar en ellos mismos y en su relación fue un parteaguas lleno de amor para su familia. Esto no siempre es fácil, y no necesita serlo para que los beneficios sean más que gratificantes. El cambio que estaban iniciando no solo los beneficiaría a ellos como pareja, sino a sus hijos, sus nietos y, seguramente, a más generaciones, además de inspirar a otros con su determinación. Su familia seguía siendo un factor importante, pero el propósito ahora estaba más orientado a la trascendencia, y ya no tenía fecha de caducidad.

¿Qué te está invitando a descubrir la vida con tu relación de pareja? ¿A qué necesitas renunciar? ¿Qué requieres aprender a recibir? La relación de pareja es sin duda un espacio maravilloso de autoconocimiento y evolución, pero para experimentarlo necesitas permitirte avanzar a este nivel.

Estos cuatro niveles nos llevan a vivir las relaciones de una manera más genuina, y esto abre el camino para que la relación se desarrolle. El tiempo no determina la madurez de una relación, sin embargo, el nivel de intimidad alcanzado sí lo hace.

Observa los viejos conflictos que has llegado a tener y te darás cuenta de que, en la mayoría de los casos, estos se presentaron así porque se quedaron atascados en uno de los primeros niveles.

El principal obstáculo

Muchas parejas descubren que siguiendo estos pasos logran que su conexión aumente, y se sienten entusiasmados por ello. Pero conforme pasa el tiempo, descubren que hay momentos en los cuales se presenta la misma dinámica y situaciones anteriores: un día se enojan por la misma situación, vuelve a salir el mismo tema de tantos años y se dicen: "Sabía que no podía ser tan bueno", "Eres el mismo de siempre", "Ya no tiene solución". Todo esto nos conecta con el pasado.

Tener nuestra mirada en el pasado nos dificulta el camino, ese es terreno del ego y ahí domina el miedo. Partiendo de este estado, es común que se reciclen pensamientos y sentimientos, dando el mismo resultado conocido. Entonces, ¿qué debemos hacer? Darnos oportunidad de equivocarnos. Está bien si pasa; no es señal de alerta si en algún momento surgen heridas del pasado, ese no es el problema, el reto es dejar de intentar combatirlas con las mismas estrategias que ya hemos comprobado que no funcionan. En el momento en que surgen estas conversaciones dolorosas, ahora somos capaces de ver las peticiones ocultas, y tratamos de atenderlas de forma diferente, haciéndonos cargo de lo que nos corresponde, es decir, de nuestra propia historia, y siendo compasivos con el dolor de nuestra pareja.

¿Qué hacer si te das cuenta de que necesitas trabajar en la relación, y tu pareja no?, ¿qué hacer si tu pareja no reconoce que también tiene heridas de infancia o temas personales por resolver? Lo que yo he notado en mi práctica es que cuando te haces cargo de ti, las cosas afuera comienzan a acomodarse. No es magia, es consecuencia. Comienzas a poner límites, te respetas, te amas, cambias tú y cambia todo.

Te comparto ahora la historia de Valeria. Cuando nos conocimos ella se sentía muy frustrada, tenía un año en terapia y su psicólogo le había hecho ver que tenía heridas de infancia por sanar. Se había inscrito a muchos cursos, y leía a menudo sobre temas relacionados. Cuando decidió participar en uno de mis cursos sobre heridas de infancia, me dijo:

—Bueno, ¿y qué pasa si ya sabes que tu pareja y tú tienen problemas por heridas pasadas, pero él no hace nada?, ¿de qué sirve todo lo que he aprendido si él no lo ve?

Mi respuesta fue:

—¿Estás dispuesta a seguir en la relación si no cambia nada?, ¿podrías hacer las paces con eso?

Recuerdo aún su cara de asombro. Supuse que esperaba que yo le diera una fórmula para lograr que su pareja se interesara en estos temas de desarrollo y que cambiara a favor de la relación, pero ¿cómo podríamos saber realmente si eso era lo mejor para él? Incluso, ¿cómo sabríamos con certeza que ese cambio añorado es lo mejor para Valeria? Justamente ahí radica la diferencia, no es necesario forzar nada.

Es muy común que pensemos que si el otro hiciera o dejara de hacer determinada acción estaríamos más felices y tranquilos, pero eso es poner la responsabilidad de nuestro bienestar personal en nuestra pareja. Cuando yo le preguntaba a Valeria si estaría dispuesta a seguir con su pareja, también le estaba preguntando: ¿eres capaz de sentirte bien sin darle la responsabilidad de ello a alguien más?

Estoy consciente de que tenemos muy arraigada la idea de que el otro debe cambiar, pero esa es una actitud violenta y de rechazo hacia los demás. Cuando digo esto, me suelen preguntar: "¿Entonces le tengo que aguantar todo?". Por supuesto que no, todo el tiempo eres libre de elegir lo que es mejor para ti, pero al mismo tiempo hay que cuestionarte si tú también eres lo mejor para los demás.

Elegir lo mejor para ti no siempre significa irte de la relación, en la mayoría de los casos significa conocerte mejor a ti mismo y definir los límites dentro de la relación, ser congruente y hacerte cargo de tus propias emociones. No es tan difícil, pero hemos aprendido a "amar" desde la carencia, exigiendo a los demás que cuiden nuestro mundo emocional, que ellos descubran qué nos hace bien y qué no, y además que no hagan nada que pueda despertar a nuestras heridas dormidas. ¿No estamos siendo muy exigentes con el amor?

El amor es aceptación y permisión. ¿Te has preguntado por qué necesitamos tanto que nuestra pareja cambie? La respuesta general es: "Para sentirme seguro". Entonces, ¿a quién le corresponde esta tarea? Es decir, nosotros nos sentimos atraídos hacia cierta persona, de hecho, esa característica que te molesta suele ser parte de lo que te atrajo, y no necesariamente porque te venga bien, pero muy probablemente sí sea para tu aprendizaje; quizá justamente eso sea lo que te permita aprender a respetarte a ti mismo, a poner límites, o simplemente amarte más y ponerte en primer lugar. Pero en vez de tomar el aprendizaje, le decimos a nuestra pareja: "¿Sabes?, me da algo de flojera hacer mi parte, ¿te parece bien si lo dejamos fácil y tú te encargas de quitar de mi experiencia eso que me molesta?".

Esto no significa que no podemos trabajar en equipo para mejorar la relación, ¡eso es maravilloso!, pero debe ser un deseo de ambos el hacerlo. En muchas ocasiones no es que no queramos sanar heridas o cambiar un comportamiento no favorable, es solo que no sabemos que es posible hacerlo. En casos así, suele ser más conveniente invitar que exigir.

Elegir el amor consciente

Si bien a muchas personas les suele parecer cómodo culpar a su pareja de todo lo malo que sucede en la relación, la gran mayoría coincide en que cómodo no significa que sea funcional.

La forma de amar que hemos aprendido y hemos venido practicando está alimentada por el miedo: "Elige a una persona que tenga x cualidad", "Elige a una persona que haga x cosa", "Elige a una persona que no sea x". Según nuestra experiencia, la de nuestra familia y la de quienes nos rodean, vamos armando una expectativa de aquello que queremos evitar en las relaciones sin darnos cuenta de que esto no nos ayuda a evitar experiencias, sino que solo nos pone a la defensiva frente a ellas. Muchas veces he escuchado frases como: "Tanto que me fijé que no fuera así, y fue exactamente lo que elegí". La mejor manera de abordar esto no es huir de lo incómodo, sino observarlo y permitir que nos muestre lo que quiere enseñarnos. Después de recibir el aprendizaje pueden pasar dos cosas: te deja de molestar la situación, o simplemente ya no sientes atracción. En cualquiera de los casos, la transformación se da por un trabajo interior.

Elegir amar conscientemente es elegir hacerte cargo de ti en todo momento. Es recibir como regalo todo lo que te ofrece tu relación con los demás, pero nunca será un deber o una obligación. Es apreciar la diversidad que te presenta la vida, y elegir sabiendo que la atracción hacia ciertas personas o situaciones lleva detrás de sí un aprendizaje para ti. ¿Cómo he de conocerme profundamente si no es a través de quienes me rodean?

Eligiendo el amor consciente se prioriza la libertad. Esto se percibe como una amenaza para muchos; se llega a interpretar como el permiso para faltar el respeto o lastimar, pero de ninguna manera es así. Simplemente, es una invitación a tomar la relación como plataforma de crecimiento personal, ya que nos da la oportunidad de ampliar nuestro conocimiento sobre nosotros mismos, y con eso hacernos conscientes de nuestro mundo interior.

Las relaciones que se desarrollan en un ambiente de libertad saben que la duración que tendrán no es sinónimo de éxito, lo valioso es el grado de consciencia que nos ayudaron a desarrollar; por lo cual, no huyen cuando se presenta un conflicto en la relación, sino que se dan el tiempo para procesar la información que conlleva.

Decir adiós conscientemente

En algunos casos se llega a la conclusión de que lo mejor es decir adiós, y eso es lo más respetuoso y amoroso que podemos hacer por uno mismo y por el otro. Cuando la relación terminó su ciclo no es necesario forzar a nadie a quedarse. Pero la toma de decisión se siente distinta cuando se hace conscientemente. En la relación tradicional solemos decir algo como: "Me voy porque no supiste valorarme" o "Me voy porque eres un irresponsable y nunca cambiarás". Es perfectamente normal y humano que ante la posibilidad del fin, nuestro ego se ponga alerta y despierte nuestras dudas nuevamente. Es válido experimentar una revuelta de emociones como tristeza, enojo, angustia, incertidumbre, etc. Pero en vez de evitarlas, se abrazan, se sienten tal cual como llegan. Vives tu proceso hasta que te despides en paz, incluso agradecido por lo que la experiencia te mostró. Esto suena más o menos así: "Gracias por mostrarme que merecemos más. He llegado a la conclusión de que estoy buscando un nivel de compromiso diferente, y estoy comenzando a brindármelo yo mismo, gracias por mostrármelo".

¿Te das cuenta de que la variación oscila entre adentro y afuera? En la relación tradicional el foco se encuentra afuera, en los demás y en las experiencias. En la relación consciente el foco se encuentra dentro de ti mismo.

Hasta aquí te he mostrado una mirada del amor diferente, te he invitado a reflexionar sobre la forma en que puedes haber recibido información sobre las relaciones que no te está favoreciendo, pero esto es solo el comienzo. El verdadero camino es aplicarlo en lo cotidiano, y no solo en tu relación con los demás, sino especialmente en la relación que tienes contigo mismo.

La relación que elijas construir contigo diariamente, por medio de tu diálogo interno, del amor y de la validación que te des, va a determinar en gran parte cómo se te presenten las relaciones con los demás. Así que pon especial cuidado cuando se trate de ti.

Y recuerda, la pregunta no es si eres suficiente, la pregunta correcta es qué deseas hacer con toda la suficiencia que ya eres.

Epílogo

Cuántas veces no vamos por la vida con la consigna irreal de encontrar a la pareja perfecta, el trabajo perfecto y el momento perfecto. Olvidamos que, justamente, lo que tenemos ahora es lo perfecto para nosotros, con base en nuestro nivel de consciencia. En esta "perfección" presente aguardan los aprendizajes más grandes que podemos otorgarnos.

Tiempo atrás yo también solía agobiarme sobre lo que pasaba en mi vida, preguntándome: "¿Por qué me pasa esto a mí?". Ahora sé que para tener respuestas que realmente aporten a mi vida, debo cuidar la calidad de las preguntas que me hago. Así que cuando llego a verme parada frente a un nuevo reto, pregunto: "¿Qué me vienes a mostrar? ¿Para qué estoy aquí?". ¿Notas el cambio?

Te invito a cambiar las preguntas que te haces a ti mismo. Te darás cuenta de que, de esta forma, saldrás más rápido de la espiral de dudas por la que muchas veces todos pasamos.

Como te habrás dado cuenta, el camino de vivir en pareja puede ser tanto un campo de guerra como un espacio de profundo aprendizaje. Cada uno de nosotros tiene la posibilidad de elegir continuamente lo que desea ver manifestado en su vida, y para ello contamos con nuestra maravillosa capacidad de responsabilidad y poder.

Espero que este libro te brinde esperanza, pero sobre todo, que sea solo el inicio de tu trabajo interior. Recuerda que, finalmente, nuestras relaciones son solo un reflejo de la relación que llevamos con nosotros mismos. Es de gran valor voltear a ver cuánto amor, respeto y paciencia nos hace falta darnos.

Con gran cariño, Ale.

Si deseas contactarme para cualquier duda o consultoría, puedes hacerlo por medio de los siguientes medios:

Página web:
www.psicologaalerodriguez.com
Redes sociales:
@psicologaalerodriguez

Made in the USA
Columbia, SC
19 January 2025